今、学校に求められる
カリキュラム・マネジメント力
学校改善への R-PDCA

中川　英貴　著
Hideki　Nakagawa

櫂歌書房

本書を推薦

放送大学　教授
第８期中央教育審議会副会長　小川正人

　2020年度から実施される次期学習指導要領では、教科ベースの知識・技能の習得だけではなく、その活用、探究力と教科横断的な資質・能力を育成することを目指している。

　従来、中学校は、教科間の「壁」が指摘されてきたが、次期学習指導要領の狙いを中学校現場で実現していくためには、そうした教科間の「壁」を打ち破り、学校内外の人的・物的等の資源を学校の教育目標の実現のために一体的に調達し活用していくカリキュラム・マネジメントが求められている。

　本書は、学校が取り組む課題別に学校長のリーダーシップと学校組織づくりの有効なあり方を実践事例研究を通して明らかにしたもので、カリキュラム・マネジメントに関する先駆的研究である。

＜表紙の花＞
　福岡市植物園のフクジュソウ（福寿草）です。まだ厳しい寒さが続く，2月4日に開花しました。早春の日射しを浴びて目の覚めるような黄色の花が印象的です。おめでたい正月の花として有名で，ガンジツソウ（元日草）の別名があります。お椀の形をした花を素早く開閉して，早春の寒さから身を守る生命力をもっています。

まえがき

　平成28年12月に第8期中央教育審議会から『幼稚園、小学校、中学校、高等学校及び特別支援学校の学習指導要領等の改善及び必要な方策等について』が答申されました。
　この答申は『2030年の社会と、そして更にその先の豊かな未来において、一人一人の子供たちが、自分の価値を認識するとともに、相手の価値を尊重し、多様な人々と協働しながら様々な社会的変化を乗り越え、よりよい人生とよりよい社会を築いていくために、教育課程を通じて初等中等教育が果たすべき役割を示す』（答申より）ことを意図して、教育基本法や学校教育法を念頭に、我が国のこれまでの教育の蓄積を踏まえ、現在の様々な教育課題を見据え、豊かな未来を担う子供の育成を期して策定されたものです。

　今回の次期学習指導要領改訂は、育成すべき資質・能力を明らかにするなど、従来の改訂の歴史のなかでも一時代を画するような大きな意義のあるものだといえます。いわば、今後の学校教育という大海原を進んでいこうとする航海における海図を示したものともいえるものです。

　本著は、今回改定の大きな柱であるカリキュラム・マネジメントの実践的な事例研究をまとめたものです。カリキュラム・マネジメントを実施することが、確かな子供の育成につながり、学校改善がなされて、保護者・地域から信頼を得る学校づくりができるという理念で実践に取り組んできたものです。大きくは、理論・アクションリサーチ・ケーススタディの構成になっています。事例から読み始めても十分理解していただけるようにマネジメントサイクルで構成するなどの工夫をしていま

す。本著が次期学習指導要領の実施の一助になれば幸いです。

　最後になりましたが、学校現場で子供の育成に、共に取り組んだ関係各位に深甚の敬意をはらうとともに、本研究のためご指導いただいた小川正人先生並びに資料提供にご協力いただいた各位に心より感謝いたします。

　　　　　　　　　＜早咲きの河津桜が咲き始めた２月吉日＞

＜付記＞本著は、筆者の放送大学での修士論文をまとめたものです。
　編集にあたり、お世話になりました櫂歌書房の東保司氏に厚く御礼
　申し上げます。

目　　　次

第1章　序　論……………………………………………9
　第1節　問題の所在と研究の目的 ……………………… 9

第2章　カリキュラム開発の組織モデル………………17
　第1節　カリキュラム・マネジメントモデルの検討 ………17
　第2節　学校組織研究概観 ………………………………23
　第3節　学校におけるスクール・リーダーシップ研究の動向 … 30
　第4節　カリキュラム開発の日常化組織モデル ……………35

第3章　実践事例1（アクション・リサーチ）……………37
　＜A中学校の事例＞………………………………………37
　　第1節　学校教育目標との連関を図った事例 …………37
　　第2節　危機管理における実践事例 ……………………58

　＜B中学校の事例＞………………………………………68
　　第3節　総合的な学習の時間での実践事例 ……………68
　　第4節　特別活動での実践事例 …………………………82
　　第5節　幼稚園と連携した教科指導の実践事例 ………95
　　第6節　学力向上に向けた実践事例 …………………… 103

第4章　実践事例2（特色ある学校のケーススタディ）…… 146
　第1節　施設一体型の小中連携教育における実践事例 …… 146
　第2節　コミュニティ・スクールにおける実践事例………… 159

第5章　研究の成果と今後の課題 …………………………… 183
　第1節　カリキュラム開発の日常化組織モデルの妥当性…… 183
　第2節　カリキュラム・マネジメントと学校改善の関連…… 185
　第3節　今後の課題………………………………………… 188

第6章　結　語 ………………………………………………… 189

第1章 序 論

第1節 問題の所在と研究の目的

　我が国においては、学力テスト訴訟、教科書検定訴訟、伝習館高校事件等の教育訴訟に於いて学習指導要領の法的拘束性が明確にされるなど、教育課程の基準は、国が定めるという考え方が主流であった。

　田中（2013）[1]も指摘しているように、このような考え方の変換に影響を及ぼしたのが、1975年にアメリカのスキルベック（Skilbeck.M.）が提唱したSBCD（School-Based Curriculum Development）という学校を基盤としたカリキュラム開発の原理である。

　根津（2012）[2]はSBCDが提起された理由として、1960年代の冷戦下における科学技術の振興を基調とする「教育内容の現代化」の行き詰まりを指摘する。当時、イギリス・アメリカを中心とした、研究（Research）、開発（Development）、普及（DiffusionまたはDissemination）というモデルの国家規模のカリキュラム開発が実施された。このような開発手法の問題点として、「学校のニーズや実態を反映せず、教師の経験に裏打ちされた実践的な批判を軽んじた」として「どれほど質の高い教育内容であっても、トップダウン式の「上から目線」的な導入のされ方では、教師の理解を得られず「現場」に根付かない」と指摘している。根津はこのような課題意識から国家規模のカリキュラム（RDDと呼ぶ）とSBCDとの対比を次の表1のようにまとめている。

第1章　序論

表1　RDD と SBCD の対比

RDD Research Development & Diffusion (研究、開発、普及)		SBCD School-Based Curriculum Development (学校に基礎をおくカリキュラム開発)
政府、研究所、大学、財団	どこで	地方、学校現場
専門家、内容のエキスパート	誰が	教員、指導主事
実験的環境で	どのように	現場で
〜1960年代 伝達普及、トップダウン、中央集権 東西冷戦、科学技術振興	いつ 性格 なぜ	1970年代〜 草の根、ボトムアップ、地方分権 RDDの破綻

※ 根津朋実作成

　田村（2003）[3]はスキルベックの文献解題によって、「学校の自律性を前提にした、各学校のカリキュラム開発の必要性。教師と関係者の協働の力量。ＰＤＳというマネジメントサイクルや教科の学問性中心のカリキュラムとともに子どもの興味・関心などに焦点を当てた経験カリキュラムの必要性。カリキュラムとインストラクション（学習過程や方法）とを結びつけて研究・実践することの必要性」がまとめられている。鄭（1999）[4]は、教師の役割遂行の観点からSBCDの視点を「カリキュラム開発の場を学校、開発の主体を教師と位置づけ、学校の現実に応じたカリキュラムを開発しようとする発想である」として地方への権限の委譲を指摘している。

　このような潮流をふまえて、教育課程行政はしだいに変容をしていくことになる。

　国は1976年から学校教育法施行規則第55号に基づき、「学校における教育実践の中から提起されてくる教育上の課題や急激

第1節　問題の所在と研究の目的

な社会の変化・発展に伴って生じた学校教育に対する多様な要請に対応するため、研究開発を行おうとする学校を「研究開発学校」として指定し、その学校には学習指導要領等の現行の教育課程の基準によらない教育課程の編成・実施を認め、その実践研究をとおして新しい教育課程・指導方法を開発していこうとするもの」（文部科学省、2014）[5]とする研究開発学校制度を設けて、教育課程の改善に資する実証的資料を得てきた。さらに1998年の中央教育審議会答申「今後の地方教育行政のあり方」を端緒に、特色ある学校づくりの推進や総合的な学習の時間の創設をはじめ、学習指導要領や教育関連諸法規により、教育課程基準の大綱化・弾力化及び学校の自主性・自律性の拡大を図り、併せて学校評価などの教育の成果と課題を保護者や地域に対して公開し、説明責任を果たしていく制度設計が行われた。

　各学校においては、自己評価の義務化や学校関係者評価の努力義務化により、日常の教育活動の成果が従前以上に問われることとなった。同時にその結果を学校評議員や地域保護者等に公開し、説明責任を果たしていく学校経営が進められている。

　特に子どもに直接働きかけるカリキュラムについても学校経営という概念の中に繰り入れる新たな潮流が生まれた。その中核を担ったのが、1999年以降、中留により提唱された「カリキュラムマネジメント」の理論研究や実践研究である。中留（2005）[7]はカリキュラムマネジメントという用語を使用した背景として「これまでの「教育課程」はどちらかといえば、日本的ニュアンスの強い教育委員会届け出用の文書で、「年度初めに一度編成したら変えてはならない文書」というイメージを脱却することが教育課程基準の大綱化・弾力化と自主性・自律性との連関性を図る

第 1 章 序論

には必要だ、とする新しいカリキュラム観(カリキュラムマネジメント)がある」としている。

ここでカリキュラム・マネジメントの表記について整理しておく。中留・田村らは、カリキュラムをマネジメントと一体的にとらえる意味で「カリキュラムマネジメント」と表記している。一般の行政施策では「カリキュラム・マネジメント」と表記しているので本稿では、引用分以外は、教育行政で用いられている、カリキュラム・マネジメントの表記に従うこととする。

教育行政の動向としては、学習指導要領の総合的な学習の時間などを中心にカリキュラム・マネジメントが提示された(文部科学省 2008)[8]。また国立教育政策研究所主催の中央研修などにおいて、ミドルリーダーを中心にカリキュラム・マネジメント研修が実施されている。これはこれからの教員の資質の重要な要素の一つとしてカリキュラム・マネジメント能力が求められていることを意味している。

本稿のカリキュラム・マネジメントの定義としては、田村(2005)[10]の「学校の教育目標を実現化するために、教育活動(カリキュラム)と条件整備活動との対応関係を、組織文化を媒介として、PDCA サイクルによって組織的・戦略的に動態化させる営み」を用いることとする。

中留(2005)[7]らの調査によれば「カリキュラム文化と組織文化には高い相関のあることが見いだされ」「組織文化のあり方を高めることによってポジティブなカリキュラム文化をつくること」が明らかにされた。これは学校経営においてもカリキュラム・マネジメントを充実することが、学校改善を図る上で有効なストラテジーとなりうることを示唆している。学校教育とは、突き詰

第1節　問題の所在と研究の目的

めれば、どのようなカリキュラムを子どもたちに実施し、いかに効果的な変容を子どもたちにもたらすかであるともいえよう。子どもを学校に預ける保護者の第一の願いは、将来、社会で自立して生きていけるような大人に育ってほしいということだと考える。その目標に向かって、我が子が、確かに成長している姿を目の当たりにしたとき、学校への信頼が構築されていくのである。昨日できなかったことが今日できるようになった姿である。後述の実践に詳述するが、中学校に入学して2ヶ月後に行われた体育祭で、小学校時代から大きく成長した我が子を見た保護者は、学校への信頼を高める。子どもの変容を生み出すように、子どもに働きかける行為がカリキュラムである。つまり子どもの確かな変容を生むカリキュラムの工夫・改善が、学校教育の中核をなすミッションであるともいえる。

　同時に、教員側からみると、効果的なカリキュラムを実施して子どもが変わった姿を実感することで、自己効力感や達成感が生まれ、次なるモチベーションの高まりへと発展する。教育効果の「見える化」が図られることで、組織は活性化するのである。さらに、学校便りやホームページなどの様々な方法で、保護者や地域へ情報発信してアカウンタビリティを果たすことによって、学校への信頼が確かなものとなり学校改善が推進されていく。

　しかし現段階では、カリキュラム・マネジメントを意識した実践が各学校で活発に行われているとはいえないとの指摘がある（田村 2011)[6]。

　この要因の一つには、中留（2005)[7]が指摘する、カリキュラム・マネジメントの推進役としての学校長に「カリキュラム文化と組織文化とを組織における創造的協同に向けて機能化させていくこ

とのできる文化的（革新的）、公正的でポジティブなリーダーシップ」が十分に意識化されず、学校経営にカリキュラム・マネジメントの視点がそれほど取り入れられていないことが考えられる。

　学校長は、我が校のカリキュラム（教育課程）が、きちんと実施されているだろうかということが常に頭に浮かぶ。例えば、数年前に大きな問題となった国語科の毛筆領域の未履修問題、インフルエンザが流行して休校措置をとったときの年間の授業時数の不足と授業の回復措置の問題、年度の終わりまでに教科書の内容がきちんと履修されているか、教育委員会が示した基底教育計画がきちんと計画通りに実施されているかなど、危機管理の側面からの教育課程管理である。特に中・高等学校においては、入学試験を控えているので、国が決めたカリキュラムを着実に生徒たちに定着させて、入試の学力が育成されているかが第一義とされる現状がある。したがってカリキュラムを動態的にとらえて、マネジメント戦略を結びつけるという発想は、なかなかできないというのが現状であろう。また、具体的なカリキュラムの工夫・改善は、ミドルリーダーである教務主任や教科主任の仕事であるという意識もマネジメントと結びつけることを阻害していると推測される。このように学校改善の戦略として、カリキュラム・マネジメントを有効に活用していくという発想が、スクールリーダーに十分に定着していないといえる。

　このような中、大野（2012）[13]の指摘は、多くの示唆を与える。大野は、カリキュラム開発のマネジメントサイクルにおいて「学校の上位目標を個々の教員や下位集団の実践に落とし込む作用、さらに関係者の実践認識を学校全体の課題意識や目標設定に持ち上げる作用の両者が期待できる」と指摘し、スクールリーダーに

第1節 問題の所在と研究の目的

は「カリキュラム開発のかかる性質を理解し、関係者間の改善意識の共有化に活用することが期待される」とする。つまり学校のトップリーダーである、学校長こそが、カリキュラム・マネジメントは、教員の意識改革を図る有効な手段であり、学校改善の組織化を図る上で効果的な方略であると認識する必要がある。さらに、子どもに直接作用を及ぼす教育活動である具体的なカリキュラムを一つのプラットホームに載せて、学校長の経営方針に基づき、学校全体が一つの目標に向かっていく、チーム学校を構築していくことが求められている。

筆者は、学校経営の実践をとおしてカリキュラムをマネジメントすることが、学校経営の中核的機能を果たすとの確信を深めるようになった。そして「学校改善は、カリキュラム・マネジメントによって達成される」のではないかという問いを設定するに至った。

したがって、本稿では、学校長として学校経営の中にカリキュラム・マネジメントを取り入れた実践の効果をアクションリサーチの立場に立脚した事例研究を行う。また研究の妥当性を高めるため、特色ある学校づくりで成果を上げている、2つの学校のケーススタディにも取り組むことで、カリキュラム・マネジメントが学校改善に有効な方略であることを明らかにする。

学校改善は、様々なとらえ方がある。大野（2012）[13]は、1983年、最初に「学校改善」（School Improvement) の用語を使ったOECD-CERI（教育改革革新センター）の国際学校改善プロジェクトが、学校改善を「教育目標のよりよい効果的な達成を目指し、1校もしくは複数の学校による学習条件やその他関連する内部的条件の変革を目的とした組織的・継続的な努力」と定義している

第1章　序論

とする。本研究では、カリキュラムマネジメント研究を推し進めてきた、中留（2002）[9]の「各学校が子どもの行動変容に対応した教育ビジョンを共有し、これを達成するために、学校内・外の支援を得ながらも、なお固有の自律的な社会的組織体として、学校のウチとソトとの間に開かれた協働文化を形成することによって、自己改善を継続的に遂行していく経営活動である」をもとに研究を進めていく。

　以上述べてきたことを基に、本研究の目標としては、以下の2点とする。

＜研究目標＞
1　カリキュラム開発の組織モデルを開発し、実践をとおして検証する。
2　カリキュラムの実施効果と学校改善の関連を実践事例をとおして明らかにする。

第2章 カリキュラム開発の組織モデル

第1節 カリキュラム・マネジメントモデルの検討

　カリキュラム・マネジメントについては、すでに様々な研究が散見される。その中に、具体的に推進していくためのカリキュラム・マネジメントモデルが提案されている。代表的な3つのモデルについて検討を加える。

1 モデルⅠ

　田村（2011）[6]は図1のように、従前のモデルを整理して妥当性のあるモデルを開発しており、現在各研修会等で用いられていて信頼度の高いものである。図1のモデルは、教育実践とそれを支える経営活動を総合的かつ関連的に分析し改善活動を行うための概念地図として開発されており、学校の「強み」や「弱み」を視覚化し、それに基づいた校内研修計画やリーダーシップ行動の焦点化が可能である（田村 2005）[10]。

　図1のモデルは、「関係者が共通の枠組みで整理・理解し、改善活動に着手できることを目的とし、必要な要素を厳選の上、要素間の関係性を示し、可能な限り簡潔なモデル」（田村 2005）[10]としたため、実施に際してのPDCAサイクルのフローの詳細には触れていない。学校教育目標の具体化のため、教育活動と経営活動を視覚化したことで、カリキュラムとマネジメントを一体的にとらえるうえで、大変示唆をあたえるモデルであるといえる。

第2章　カリキュラム開発の組織モデル

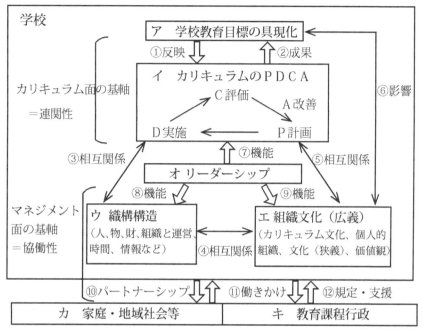

図1　カリキュラム・マネジメント・モデル（田村2011）

※田村知子編著「実践・カリキュラムマネジメント」
（ぎょうせい、2011年）p7より引用

2 モデルⅡ

児島（2012）[14]は、図2のように最初に状況分析のための調査を位置づけたマネジメントサイクルを提唱している。これは学校がカリキュラム編成の主体として、子どもや家庭、地域の状況や教育課題を明確にすることを示している。そして教育の質を高め、改善を図っていくことを狙っている。学校評価や説明責任と関連づけているところは評価できる。各段階の要素は的確に捉えられているが、具体的な展開が見えにくい。

第 1 節　カリキュラム・マネジメントモデルの検討

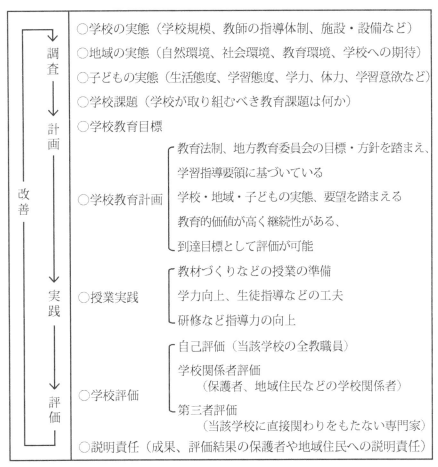

図2　カリキュラム・マネジメントの過程
※児島邦宏「カリキュラム・マネジメントと学校改善」安彦忠・児島邦宏・藤井千春・田中博之編著『よくわかる教育学原論』(ミネルヴァ書房 2012 年) p65 より引用

3 モデルⅢ

　前述の児島のモデルに対して、日常的なカリキュラム開発を意図して、田中(2013)[1]は、図3のように、マネジメントの第一段階を診断としてリサーチの重要性を指摘した。次に学校評価や

第2章 カリキュラム開発の組織モデル

校内研修等の学校評価の部分は含んでいないが、改善の段階において具体的な作業内容を含んでいるカリキュラム・マネジメントモデルを提案している。それぞれの作業内容の具体が示されていることやチェック項目が示されていることで進行管理がやりやすい工夫がされている。しかし、手順が細部にわたっており、十分参考にはなるものの時期が基本的に1年間をスパンとしており、校内研究テーマなどでは有効に機能すると思われるが、中学校の日常的な組織で実施するカリキュラム開発には、うまく適合しない。

段階	ねらい	時期	作業内容	チェックの観点
R 診断	学校カリキュラムが学校目標、教育課程の国の基準、地域のニーズ、保護者の要望に対応しているかを診断する。	4月または3月	・カリキュラム委員会を設置する・学力調査の結果を基にして総合的な学力の育ちを分析する・保護者や地域の学校評価アンケートの結果を参考に教育ニーズを探る・カリキュラム実施状況アンケートを行い実態分析する。	□基礎的・基本的な知識技能の定着 □活用型学力の育成 □各教科での言語活動の充実 □総合的な学習の時間は探究的か □習得・活用・探究の関連づけ □子どものニーズに応じたサブカリキュラムはあるか □教科横断的なスキルの育成
P 計画	診断結果から充実が必要とされた分野のカリキュラムを重点的に計画する。	5月（3月から練っておく）	・先進的な事例を参考にする・多様なサブカリキュラムを参考にする・教員集団の協同的な開発を行う・異なる学校段階の協力を行う。	□先行的に開発する学年、教科等の決定 □地域の特色やリソースの活用 □新規単元（総合）の開発 □地域素材の教材化 □教科横断的なカリキュラムの工夫 □幼小・小中連携の配慮

第1節　カリキュラム・マネジメントモデルの検討

D 実施	計画に基づいて実施状況の記録を取り、教員間で協力して実施にあたる。	6月〜7月 9月〜12月	・時間数、学習内容、活動の様子、場所、感想などの記録をとる。・週案に基づきながらも新しいアイディアやリソースがあれば即実行する。・事前アンケートを実施する・ワークシートやポートフォリオを保存する。	□実施状況の記録をとる □実施上の成果と課題の記録 □子どもが作成した資料や記録の保存 □授業後の簡単な反省会 □リソースや教材の教員間の協力 □全職員参加で中間の共有化の会議 □実施の困難さに応じた計画の変更 □新しいアイディアの即時的実践 □後発の学年や教科へのアドバイス
C 評価	学校カリキュラムの実施状況をもとにして、初期の目標や期待される成果に照らしてカリキュラム評価を行う。	12月または1月	・事後アンケートの実施・カリキュラムについての部分的学校評価の実施・学力調査の結果を参考・単元テストや定期考査の結果を活用・実施状況の記録分析・評価委員会による評価意見のとりまとめ	□プロセスシートに進捗の記入 □評価のための多様な資料やデータ収集 □カリキュラム評価委員会の論議 □カリキュラムの成果と課題 □課題の指摘にたいして改善の取組 □カリキュラム評価の観点の明確化 □カリキュラム評価の観点の活用 □改善につながる意見の記録 □プロセスシートに評価意見の記入
A 改善	評価の結果を踏まえ、改善意見を集約し、可能な限り改善カリキュラムを行い成果と課題をまとめる。	1月〜3月	・カリキュラム評価、改善報告作成・改善案集約・修正カリキュラムの実施・改善の実施状況の記録と評価・次年度へ開発、評価、改善を引き継ぐ。	□改善意見のとりまとめ □次年度への申し送り資料の作成 □プロセスシートの記入 □改善意見の実行可能性 □次年度への方向性や具体案の明示 □教員の負担感 □この時期の学力調査の活用

図3　R－PDCAサイクルに基づくカリキュラム・マネジメントのモデル

※田中博之「カリキュラム編成論」(放送大学教育振興会 2013年) p278 を基に筆者が作成

これらのモデルを検討する中で、以下の二点が課題としてあげられる。

　一つに、マネジメントサイクルを回していく、組織構造が明示されていないことがあげられる。組織としての阻害要因は、モデルⅠから明らかにすることができる。しかし具体の学校現場では、どのような組織をつくり、どのように組織を活用していくかが明らかでないと日常的にカリキュラムの改善や開発を進めていくことは難しい。教育活動が日常的に実施されるなかで子どもは変容していく。日常的にカリキュラムを工夫改善していく中で、組織文化も構築されていくのである。

　二つに、スクール・リーダーシップの関わりが明示されていないことである。モデルⅠで、リーダーシップは取り上げられているが、これはカリキュラムメーカーとしてのミドルリーダを指していると推測される。現に様々な研修会で、ミドルリーダーがこのモデルを基に研修を実施して大きな成果が上がっている。しかし、マネジメントである以上、目標の達成が最大のミッションである。学校長が学校経営方針というビジョンをたて、その実現のために、人的、物的な様々な経営資源を効果的に活用するため、組織成員それぞれが持っているベクトルを一つに束ねる組織のマネジメントを実施することが求められる。

　以上の整理を踏まえると、これまでのモデルを補完する、日常的なカリキュラム・マネジメントの組織モデルを新たに構想することが必要であると考える。そのために、学校の組織研究とスクール・リーダーシップ研究を概観していきたい。

第2節　学校組織研究概観

　学校組織論は、企業の組織論を取り入れながらも企業と学校は異なる組織であるという現状を踏まえ歴史的に対立概念を生じさせ、論争となることもみられた。しかしこのような対立軸で考えることで、学校組織の特質を浮かび上がらせてきたともいえる。そこで学校組織論の対立軸を中心に考察する。

1　単層構造論と重層構造論

　伊藤（1963）[16]は、学校経営の近代化を図るため、「アメリカにおける経営管理の創始者といわれるテイラーの合理的方法を学校経営の中に摂取すべきである」として学校経営組織の重層構造を提案した。経営学に従い、校長を経営層、教頭や各主任を管理層、教職員を作業層とする、重層構造に学校の組織構造を変えるべきとした。これはいわばライン系列を重視したとも言える。一方、これに異を唱えたのが宗像（1969）[15]であった。宗像は「学校重層構造論は、アメリカの企業経営学の所論の一部を、最も機械的かつ拙劣に日本の学校に適用しようとするものである」と厳しく指摘し「作業層はまず管理層から、ついで経営層から、重層的に監督されなければならない、というのである。これはいろいろな組織体のなかにおける学校という組織体の独特な性格に全く盲目な、理論的には取るに足らない主張ではあるが、権力がその利用価値を認めているので、本来なら生まれも育ちも全然違う特別権力関係論と癒着して、学校に上命下服の官僚制の金串を刺し通すのに小さくない役割を果たしている」と反論を展開した。その後、この論争は学校組織論として十分な発展をみることはなかった。その理由を、西（1986）[15]は、「伊藤は、経営学の理論を摂取しながら我が国の教育経営の科学を構築

しようと努めたのに対して、宗像は、教育政策・教育行政に抵抗する教育運動のために戦おうとした」ため両論はかみ合わなかったと総括している。

2 官僚制とルース・カップリング論

マックス・ウェーバーのいう官僚制は、機能的分業、地位に基づく権限、規則に基づく職務遂行、階層的な意志決定と指揮命令関係等組織的特徴をもち、複雑な諸活動と諸関係を最も効率的に調整・統制できると考えられている（勝野2012)[12]。2007年の学校教育法の改正による副校長、主幹教諭、指導教諭、栄養教諭等の新たな職を設置できるようになった背景には、様々な教育課題が山積する中、学校においてもこのような官僚制の組織を構築して学校のガバナンスを高めていくことが求められていることが考えられる。

しかし一方で、勝野（2012)[12]は、学校は、目標の多義性・多様性、目標達成の技術の不確実性、成果の予測と評価の困難性などの特徴をもつため、教育活動をあらかじめプログラムすることは困難を極めると指摘し、カール・ウェイクが1976年に学校の教育組織全般を「ルース（ゆるやかに）に連結されたシステム」としたのはこれらの理由によるものと指摘している。佐古（1986)[19]によれば、ルースに結合されたシステムとは、組織構成要素が自律的な特徴を有し、それらの要素が緩やかに結びついているシステムをさす。このような組織と対比的に、前述の官僚制は、タイトに連結されたシステムだといえる。

次に佐野（2014)[18]が指摘する相互排他的な対立を超えた、「関係」の中でとらえようとする学校現場に即した組織観に基づく組織モデ

第2節　学校組織研究概観

ルが2000年代に入ってから提唱された。それらの特徴を検討する。

3 「中心－周辺型」モデル論

　榊原（2008）[20]は、それまでの学校の組織構造の議論が上と下、縦と横というイメージから抜け出せていないと総括し、学校のように人を相手に教育という働きかけを行う複雑で流動的な組織では「人が仕事に向かって動く」ことが重要であるとの認識に立って、「円環のネットワーク」としての「中心－周辺型モデル」を提唱している。

　学校全体の円の中心には、校長や教頭がくるが、教育組織などの各領域では、中心に主任主事などがくることになる。この中心のスタッフは経験や学習が豊富で広い視野を持っているが、個別の事例に逐一対応することはできない。教育活動や学校運営は不安定要素を含み流動的である。したがって意志決定は現場にゆだねることが合理的であるとする。周辺スタッフは現場に近いので個別の詳細な情報把握は優れているが、事態の相対比は不得手である。したがって、中心と周辺スタッフの意思疎通が円滑に行われることが前提条件となる。図4は、イメージを図示したものである。

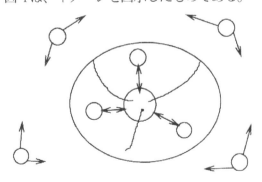

　　図4　中心－周辺型モデル　　　（榊原禎宏作成）

4 「ウェブ（クモの巣）型」組織論

浜田（2009）[21]は、学校組織が管理職とそれ以外の教員は一線に並んだ「なべぶた型」であるとの指摘に疑問を投げかけている。学校組織の現実は、メンバー同士のつながり方が、部分ごとに異なっていると指摘する。むしろ図5のようなウェブ（クモの巣）上の組織であり、成員同士のつながりは、疎密・強弱・硬軟と様々であると考えるのが現実に適合しているとする。それぞれの○は各教員を表しており、中心は学校長である。斜線の○はミドルリーダーを表している。

このような組織で目標や課題の共有化を図っていくためには「個々の教員が自らの教育実践に起因して抱く課題意識そのものを相互に交流しあうことが不可欠である」としている。

学校のリーダーシップは、校長に独占されるようなものではなく、学校組織のそれぞれに分散されるものであると指摘する。現に学校改善が、校長のトップダウンによって成し遂げられているように見える学校においてもプロセスを丹念にみてみると教員による地道な教育活動が積み重ねられていたとする。

浜田の指摘は、授業や学級活動等の教育活動の実際は、通常、教員単独で状況判断を行いながら実施されている学校現場の実情を適切に指摘するものである。反面、教員それぞれの資質や円滑なコミュニケーションがなされないときは、独断に陥り、さまざまなトラブルを生じさせ、管理職が事後の対応をすることも多い。学校現場ではよく見られることである。

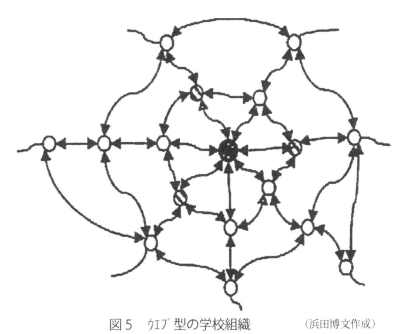

図5　ウェブ型の学校組織　　　（浜田博文作成）
※ https://tsukuba.repo.nii.ac.jp「ミドルリーダーを核とする組織論―『ウェブ（クモの巣）』型組織論としての学校」p33 の図から転載(2015年6月)

5　学習する組織論

　企業が厳しい経営環境の中で生き残っていくためには、組織がたゆまぬ学習をして成長していくことが求められる。学校においても教育上の諸問題は複雑で多様化している。曽余田(2011)[23]は、「これまでどおりの学校や教育の在り方では通用せず、継続的に自らを変革していく学習能力」が必要であると指摘する。そのためには、「自らの経験を絶えず検証し、成功や失敗から気づきの教訓を得て、実践を修正する」ことが大切であると述べている。これは、いわゆる問題解決のプロセスや PDCA サイクルなどにより実現可能だとする。

6　場の論理に基づく組織論

　武井（2011）[24]は、「学校組織の在り方に一定の輪郭を与え、複雑な現象を単純化して考える」ため「組織の活動全体を包括してとらえ、組織の和を保ちながら人的・物的な環境に働きかけて改善する」場の論理が学校組織には適合する場面が多々みられると指摘している。彼は、学校組織を個人の能力と意思の関数としてとらえる見方を「力の論理」とし、環境を能動的とした上で、環境を学校組織の関数とする見方を「場の論理」としている。場の論理は、日本企業において特徴的にみられる組織の特徴でもあるとしている。伊丹（2005）[25]は、例えば部屋の仕切りをなくし自然発生的にコミュニケーションを図る工夫などの事例から「人間の間のヨコの情報的相互作用と心理的相互作用が自然にかつ密度濃く起きる結果、自己組織的に共通理解や情報蓄積、そして心的エネルギーがうまれる」と指摘している。そして情報と感情の濃密な流れの「容れもの」あるいは「舞台」が必要になるとしている。その入れ物が「場」であり、場とは、「人々がそこに参加し、意識・無意識のうちに相互に観察し、コミュニケーションを行い、相互に理解し、相互に働きかけ、相互に心理的刺激をする、その状況の枠組みのこと」としている。

7　佐古の学校組織開発論

　佐古は、学校の中核をなす活動である授業や学級活動は、不確定性を含有するため、現実の教育活動は教師の裁量性に依存した個業性を排除することは困難であるという前提に立ち、学校現場から積み上げた学校組織開発論を展開している。学校改善に資するための組織化は、教師の内発的改善力に基づく協働化が重要で

あるとする。学校組織における協働の基本モデルとして、図6に示すように、子どもの実態を教員で認識を共有し、課題を見いだす過程をとおして改善への意思形成を共有し、連携行動をとおした共通実践をそれぞれの教師が繰り返す、良循環サイクルの集団的な展開が必要だと指摘する。分散型のリーダーシップを基軸とするため能力のあるミドルリーダーの育成やスクールリーダーの関与が希薄になりがちなことは、配慮していかなければならない。しかし教員の創造的な活動を引き出し、達成感をとおして職能成長が図られるなど、現状の学校組織特性に適合したボトムアップ式の学校組織論として評価できるものである。

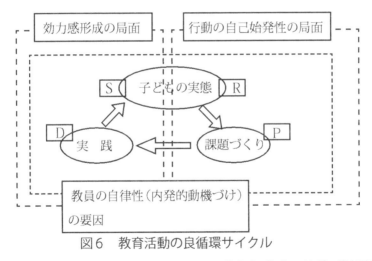

図6　教育活動の良循環サイクル

（佐古秀一作成の図を基に筆者が作成）

　以上、学校組織研究を概観したことを整理すると、アメリカ型の企業マネジメントを源流とする上下の意志の伝達過程という縦の基軸と日本型企業や学校社会に特徴的にみられる横の意思の伝

達過程である横の基軸が学校の組織構造を構築するときの着眼点であると考えられる。したがってこれらを基盤としつつも学校の組織文化等の実態に応じた柔軟で機動的な組織を構築していくことが求められるであろう。

　同時に学校の組織構造には、当然のことであるが経営責任者である学校長の役割や権能が大きく影響している。教育行政施策の側面からも2000年の学校教育法施行規則改訂により職員会議が校長の主幹によって執り行われることを明記したことなど、校長の権限の明確化が図られてきた。

　したがって校長自らが監督する権限と責任を有する学校組織に対して、どのようなリーダーシップを発揮していくかは、従前にもまして重要な学校経営研究のテーマとなってきたといえる。

　このような中、近年のアメリカにおけるスクール・リーダー研究の進展が我が国のスクール・リーダーシップ研究に大きな影響を及ぼしている。また学校現場に入り込んだ実証的な研究も学校経営学者らによって精力的に取り組まれて、一定の成果が上がっている。従って次節では、スクール・リーダーシップ研究の動向を整理することにする。

第3節 学校におけるスクール・リーダーシップ研究の動向

　近年の学校におけるスクール・リーダーシップ研究の端緒になったのは、学力格差に及ぼす学校の影響を探ったアメリカにおけるコールマンレポート（1966）[12]である。当時、アメリカにおいては、白人と黒人との学力格差問題の解消が社会的な問題となっていた。調査の結果は、アメリカの学校は、大きな影響を及ぼしておらず、学業格差は、人種や家庭的な背景に起因するとい

うものであった。この報告が提起した問題は、現在の我が国の学校においても指摘されることもある。我が国においても、経済的な格差が学力格差や進学実績に影響しているという指摘もある。経済的に厳しい家庭と比較的裕福な家庭における子どもの学力差は、一般的によくみられる。特に全国学力実態調査や都道府県や市町村の学力調査などが実施され、要因分析をとおして明らかになっている。

　1980年代になると、厳しい状況の中でも効果を上げている学校の研究が進められていく。厳しい教育環境でも効果を上げている学校に共通にみられるものとして、「校長のリーダーシップ」が着目されるようになる。この頃注目されたのは、教師と具体的な学習指導や生徒の指導について対話やカンファレンスを重ねながら、具体的な指導や助言を行い、職能成長を促していくリーダーシップである。例えば、学力遅滞の子どもについては、個別に生活背景等が異なっており、ケースバイケースで対応することが求められる。このように教師の教育活動に直接関与して教育効果を上げようとする校長のリーダーシップは「教授的リーダーシップ」と呼ばれた。リーダーのアドバイスが的確で問題が解決したとき、成員のリーダーへの評価は高まる。学校における教育問題は、経験則がそのまま適用できないことも多く、スクールリーダーが、教師とともに現場において、具体的な事案に応じて状況を分析しながら対応していくことが多い。いじめや不登校等の生徒指導上の諸問題では、原理原則に従いながらも保護者のニーズやウォンツにきめ細やかに対応していく組織運営が求められている。また初等教育場面では、教室の中に入り込んでリーダーシップを発揮することも多く、効果的なスクール・リーダーシップとして広く

認知されるようになった。

　1990年代になると、教授的リーダシップの限界が指摘され出す。学校の再構築には、教師の専門職化が不可欠であり、キャリアアップを通して職能成長していく、教師自身に教授的なリーダーシップの要素が求められるようになる。授業を担当せず、「校務を司り、所属職員を監督する」校長には、別のリーダーシップが必要であるとの指摘である。

　またこの頃から、学校経営に民間の手法を導入し、明確なビジョンの基、成果指標を設定し、教育の成果を数値により明らかにすると同時に、成果があがった学校の校長には、予算配分や人事を手厚くしていく、新自由主義の教育改革の潮流が、イギリスにおいてみられるようになった。

　このような中で、校長には、明確なビジョンを示し、教育課程を進行管理し、学校文化を積極的に変革して、教員のエンパワーを引き出していく「変革的なリーダーシップ」の方が学校効果を高めると指摘されるようになる。イギリスにおいても公教育の立て直しのため、校長の強いリーダーシップによって効果を上げた学校には、校長に強い人事権や予算配分権が付与される、いわゆる成果主義に基づく学校経営論が台頭してくることになる。

　我が国においてもカリスマ性をもった校長が生徒指導で荒れた学校を建て直す実践が各地で報告されるなど、変革的なリーダーシップが校長の資質として重視されるようになる。

　校長の強いリーダーシップにより所属職員のモチベーションが上がり、強いコミットメントが引き出されるとともに学校が変わり、保護者や地域住民から信頼される学校になっていく。教育行政も校長への権限委譲や学校評価などをとおしてアカウンタビリ

ティを推進するなどの改革が進められた。
　しかし近年の学校組織研究から、学校はトップのリーダーシップだけで運用していくには限界があるとの指摘がされている。例えば、校長が、授業のすべてを監視することはできない。状況を判断するための適切な情報が常に担保される組織構造を学校に求めることは難しい。学校組織は、各分掌係や学年など、それぞれの分散された組織が有機的に結びつき機能している。そのような中で、単独のリーダーシップによるのではなく、多くの組織の成員の着想や技術、イニシアチブを総動員する「分散型のリーダーシップ」の有効性が明らかにされてくる。それぞれの教員が指示待ち型では学校は回らない。一人一人の参画意識を高め、知恵を出し合う学校組織の構築がないと様々な困難な教育課題が山積する学校現場を運営することは困難な状況になっている。
　学校教育法により新たな職が設置されて、ミドルリーダーの役割が重視されていることもリーダーシップを分有した学校組織の構築が必要とされている背景として考えられる。
　また中・高等学校においては、教授過程は、免許を有する専門的な教師にゆだねられており、教科部会などの専門家集団の動機づけやコミットメントを形成することをとおして、機能化をはかることが必要とされる。また、いじめ問題や不登校などの今日的な教育課題に対応するには、生徒指導委員会や不登校生徒に関するケース会議などプロジェクト型のチームで対応することが必要とされ、それぞれのチームリーダーの働きが鍵となる。事案によっては、自然発生的協働により自主的な学年会などが集団の成員からの提案により設定される。このような組織文化をもった職員集団は、さまざまな難問に対してスピーディに対応することができ

る集団であるといえる。このような組織文化が根付いていく中で学校改善が日々推進されていくことになる。

　学力向上や生徒指導上の諸問題など、従前の教育課題もますます複雑化している。学校を取り巻く保護者や地域の要望も多岐にわたるようになっている。

　このような困難の状況の中、これからのスクールリーダーは、学校の実態から様々な諸要因を分析し、戦略をたて、学校改善を図っていくことが必要となっている。

　学校長は、具体的な学校経営の戦術として、変革的・教授的・分散的なリーダーシップを臨機応変に発揮する中で、子どもの確かな成長を促進していくリーダーシップが求められているのである。

　以上の整理を踏まえ、本研究では、勝野（2012）[12]が示した、以下のスクールリーダーシップの型をもとに、学校改善に資するために、学校長がカリキュラム・マネジメントにどのように関わっているのかを明らかにしていきたい。

　一つに、教師に対する指導や監督を通して教師の教育活動に直接的に関与して、その質的向上を図る教授的リーダーシップ。

　二つに、ミッションの明示や教育課程・授業プログラムの策定、そして変革に対して積極的な学校文化を促進すること等によって、より間接的に学校効果の向上を図る変革的リーダーシップ。

　三つに、多くの組織構成員の着想、想像力、技術、イニシアチブを生かすためにリーダーシップを一人の（少人数の）人物が担うのではなく、その分担された形態の優位性を主張する分散型リーダーシップである。

第4節　カリキュラム開発の日常化組織モデル

　これまで論考した、学校組織論やスクール・リーダーシップ論をもとに、従前のカリキュラム・マネジメントモデルを補完する意味で、カリキュラム・マネジメントを通した学校改善のための実践的・日常的な学校組織を図7のように立案した。

　縦の基軸として、教育目標を実現し学校改善を推進していくために、Research（調査、診断）、Plan（計画立案）、Do（実施）、Check（点検、評価）・Action（改善、公開）のマネジメントサイクルを日常的に運営されている学校組織に有機的・機動的に位置づけた。次に、横の基軸として、プロジェクト型の開発組織を設置し、生徒の実態を理解している教員から創造的なカリキュラム開発の知恵や参画意識を引き出すよう工夫した。

　ここでは全体を機動的・効果的に働かせ、学校教育目標の実現を図るというミッションのため、スクール・リーダーシップを位置づけ、効果的に学校改善が推進できることを意図した。次に、ミドルリーダーが中心となって運営する、各種委員会などの実践的なプロジェクト型のカリキュラム開発組織を位置づけた。そして、定例的な会議の時間や適宜、臨時の打合会などを実施しながら、柔軟で機動的な実行組織を利用して、効率的で日常的なカリキュラム・マネジメントに取り組めるよう工夫した。

　さらに評価を公開することで、ウチとソトに学校教育を開き、成果や課題を学校・保護者・地域と共有する協働文化を形成し、学校改善活動が、継続的・発展的に行われることをねらった。

　このモデルの特徴は、以下の4点である。
①学校長の関与を明確にして組織的なカリキュラム・マネジメントを促進することで学校教育目標の具現化を狙ったこと

第2章　カリキュラム開発の組織モデル

②スクール・リーダーシップの型を位置づけたことで柔軟かつ機動的な組織運営が行えること

③カリキュラム開発に学校組織を位置づけて活動のフローを視覚化し、協働体制で取り組めるようにしたこと

④時間軸や領域などが多様なカリキュラム開発の現状に適合する汎用型であること

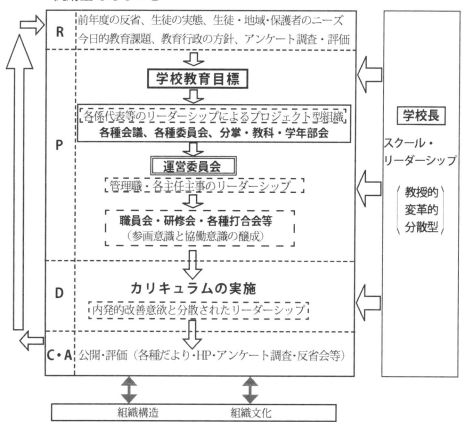

R・・リサーチ(調査) P・・プラン(計画) D・・ドゥ(実施)
C・・チェック(評価)　A・・アクション(改善)
　　図7　カリキュラム開発の日常化組織モデル

第3章　実践事例1（アクション・リサーチ）

＜A中学校の事例＞

　A中学校は、福岡市の北西部に位置する公立中学校である。福岡市の中でも近隣に大学や高等学校があり文教地区といわれている。平成23年の実践当時、学級数は21学級、生徒数800名程度の市内でも割と規模の大きい中学校であり、創立から50年をこえる伝統ある学校である。近年、関東や関西からの転出入が急増している。また、校区内にマンションが次々に建設されており、数年で生徒数が900名に届くことが予想されている。保護者、生徒ともに学業への関心は高く、多くの生徒が公立上位校を目指す、市内でもトップレベルの学力を有している。

第1節　学校教育目標との連関を図った事例
（1）Rの段階　（学校課題の明確化）

　前年度の学校の教育活動において、いじめ問題が明らかになった。生徒は、それほど深く考えずに人を傷つける言葉を発しているとの指摘が研修会等からも出てきた。また人権感覚が不十分であるがため、差別感覚をもった発言も表出した。これらの事案の具体的記述は避けるが、量的にも質的にも厳しい状況が見られた。その背景や生徒の実態としては、学力が重視され人間関係力が十分備わっていないことや転出入が多く（小学校の頃からみると、おおむね半数以上は転入生）、親密な人間関係がなかなか築けないなどが考えられる。このような学校全体から見えてきた課題を踏まえ、学校教育目標の重点化を図る必要があると考えた。

学校の文化としては、非行問題など大きな生徒指導上の問題は、近年ほとんどみられないため、職員全体の生徒指導上の危機感は希薄である。したがって職員組織の協働性が十分みられないなどの組織としての課題がある。また職員数も50名を超えており、共通理解、共通実践が難しい状況がある。また保護者からの要望においても授業や学力向上が常に優先される傾向があり、成績重視の文化が醸成されている現状が見られた。

（２）Ｐの段階　（カリキュラム開発の組織的な取り組み）
ア　学校教育目標との関連とスクール・リーダーの関わり

　前述した学校や生徒の実態から、いじめや差別を生まない学校経営を推進していくことが学校経営の中心課題であるととらえた。また、スクール・リーダとして、変革的なリーダーシップに立ち、職員や生徒、保護者の意識改革を進めていくことが肝要である。

　そのためには学校教育目標を重点化・焦点化して、校長の決意やビジョンを明確にすることが、有効な方略であると考えた。学校のやるべき事は、これ以外にも学力向上等当然あるが、限られた学校のマネジメント要素を集中する経営戦略を立てて実施した。

　具体的には、従前の知、徳、体の視点を含んだ目標から、課題解決に焦点化した具体的な経営目標を掲げた。以下に学校経営方針の要約を示す。この学校経営目標は、学年経営方針や学級経営方針へと反映していく。同時に、道徳指導計画など様々な校務分掌計画の筆頭に掲載されていく。また、個人の目標管理シートにも当然あげられることになる。このように学校経営方針を「選択と集中」の観点から焦点化したことで、いじめ撲滅に向けた取組が学校全体で動き出すことになる。対外的には、学校便りや学校

ホームページをとおして保護者や地域に公開していくことになる。

平成23年度　学校経営方針

福岡市立Ａ中学校
校長　中　川　英　貴

1　**本校教育の基調**
　　公教育の精神と使命を自覚し、「新しいふくおかの教育計画」を基軸とした教育を推進する。

2　**学校教育目標**
　　「いじめや差別をしない人間性豊かで思いやりのある生徒を育成するとともに、いじめや差別を抑止する学級・学年集団づくりに努める。」

3　**めざす生徒像**
　（１）『あいさつ』・・・良好な人間関係を築き、他者とコミュニケーションを図る生徒
　（２）『掃除』・・・自分の責任や義務を果たす心、自らの心を磨く生徒
　（３）『自学』・・・自主的、自律的に学びを深める生徒
　（４）『立志』・・・自らの生き方を定め、将来の目標達成に向け努力する生徒

4　**めざす学校像**
　（１）いじめや差別のない明るく楽しい学校
　（２）活気に満ちた秩序と節度のある安全な学校
　（３）愛情と信頼に満ち、意欲的に学びあう学校
　（４）美しく整備された清潔な学校

5　**めざす教師像**
　（１）生徒理解に努め、率先垂範する教師
　（２）自ら研修に努め、授業力のある教師

第3章　実践事例1

（3）高い人権感覚をもち、情緒豊かで責任感のある教師
（4）組織的、機動的に校務を遂行する教師

6　学校経営方針
（1）基礎・基本の定着とともに、発展的な学習の習得に努める。
（2）命の大切さや思いやりの心を育みいじめ撲滅に努める。
（3）生徒の自主的・自発的活動を促し、意欲的な活動を組織する。
（4）保護者や地域、関係諸機関との連携・協力を図り、開かれた学校づくりを推進する。
（5）教育公務員としての自覚をもち、専門職として研修の充実に努め、活力ある学校づくりを推進する。

イ　学校長のビジョンの明示

　年度当初の職員会の冒頭で学校長として学校経営方針を示した。人事異動により新たに着任した教員もいるため、昨年までの学校の教育課題を具体的に示しながら、本年度の学校経営方針に焦点あてて全職員に方針を示した。ここでは「いじめや差別をうまない」というキーワードを職員に印象づけることに留意した。さらに全校生徒に対して「いじめは許されないこと、思いやりの心をもつことが大切である」ということを始業式の校長講話で明確に提示した。講話の趣旨は、学校だよりにおいて、各家庭へも知らせ、保護者の協力を図るよう留意した。年度当初のサポータ会議（学校評議員制度のこと）で各委員に周知を図った。また、PTA総会などにおいて「これからの人生を生きていく上で、学力は必要条件であるが、十分条件ではない。会社に行っても研究者になってもチームとして活動をしていく。そこでは人への思いやりが大切な資質となる。」ということを繰り返した。

　以下に、経営方針の具現化のため学校長が毎月発行する学校便

りの一部をしめす。

一人一人の力で「いじめのない楽しい A 中」をつくろう！

　今年度を振り返って、大変残念ですが、いじめのアンケート等で、A 中にいじめがあることが明らかになりました。それぞれの学級で改善に向けて学習を積んできたことと思います。現在はどうでしょうか。

　いじめは、**いじめられた人の立場** に立つことが大切です。自分が言った言葉や行動で相手が大変いやな思いや不快な気持ちになっていないか、常に考えることです。4月から、2年生、3年生と進級します。一歩、大人に近づくわけです。自分の言動に責任を持つことが求められます。

　一人ひとりが**いじめは人間として絶対にゆるされないこと** という気持ちを持つことです。いじめていい理由はありません。ダメなものはダメなのです。一人ひとりがしっかり自覚しましょう。

　クラスや学年、部活動で**いじめをゆるさない** という風土をつくりましょう。いじめができない環境をつくりましょう。一人ひとりの力を合わせて、チームの力でいじめのない A 中をつくり、来年度は、卒業した先輩たちに負けない、今以上のすばらしい A 中をつくっていきましょう。

◎ いじめ問題の解決には、家庭が極めて重要な役割を担っておりますので、保護者の方々と連携を図っていきたいと考えております。いじめ問題の基本的な考え方は、保護者の方にも責任をもって生徒に徹底していただきたいと思っています。

　各ご家庭での深い愛情や精神的な支え、信頼に基づく厳しさ、親子の会話やふれ合いの確保が重要となります。

　今後とも、PTA 等とも連携しながらいじめ問題の解決に取り組んでいき

第3章　実践事例1

たいと考えていますので、何卒、ご協力のほど、よろしくお願い申し上げます。
　また、各ご家庭におきましても、お子さんの持ち物や行動等で、ご心配なことがございましたら、担任等にご相談ください。
＜資料＞
　文部科学省調査においては、「個々の行為が『いじめ』に当たるか否かの判断は、表面的・形式的に行うことなくいじめられた生徒の立場に立って行うものとする」とし、『いじめ』とは、「当該児童生徒が、一定の人間関係にあるものから、心理的・物理的な攻撃を受けたことにより心的な苦痛を感じているもの」としています。

　学校便りは、「学校長が経営理念の具現化を図る広報活動の一つ」と位置づけているので、学校長が一人で執筆し、発行するようにしている。ここでは、学校の様子を知らせるだけにとどまらず、学校長の考えが伝わるよう心がけた。マネジメントサイクルに於いて、アカウンタビリティは、大変重要な意味を持つ。当然、保護者、職員、生徒の信頼を獲得する上でもトップが、自らの言葉で語る意味は大きい。特に、分散型リーダーシップを発揮しようとするときは、決意と責任をもって文字として情報発信することは、重要である。

（3）　Dの段階　（具体的カリキュラムの実施）
◎生徒指導委員会・いじめ防止委員会を中心とした組織の充実
　毎週、1時間を管理職、生徒指導主事、各学年の生徒指導担当、養護教諭、スクールカウンセラーが参加して、前半を生徒指導委員会、後半をいじめ防止委員会と位置づけた。いじめ解消に向けた実働組織の機能化を図った。週時程に位置づけることで、毎週、確実に実施できる効果は大きい。基本方針の決定や具体的な対策、

事例に応じた対応策などが話し合われ実施された。そこに主幹教諭（教務担当）は、メンバーに入っていなかったが主幹教諭の方から、参加したいとの申し出があった。新たな職である主幹教諭を学校教育目標の具現化を図る実働組織に加えたことで、例えば、次に示す生徒会係から生徒集会を新たに実施したいとの申し出に対して、具体的な行事案を職員に提案して実施にいたるなど、機動的な組織の強化が図られる取組が円滑に進んだ。

◎ 生徒会係を中心とした取り組み

　生徒会係の職員と生徒会役員が中心となった活動も進んでいく。具体的には、生徒会が主催で全校生徒に「学校生活のアンケート」を実施して、いじめ問題や様々な学校生活上の課題を洗い出した。それを学級活動として話し合いを深めていった。この成果は、生徒総会に於いて結実する。従前までは、「挑戦や躍動」といった積極的な活動を引き出すようなスローガンであった。しかしこの年の生徒会役員は、1泊2日の宿泊研修を実施して、夜を徹して、アンケートを基に、学校の課題を洗い出して具体的な対策を話し合っていった。その結果、生徒総会のスローガンとして、思いやりの気持ちを重視した「陽（ひだまり）－君にとどけ。暖かいこころ－」が決められた。

　次に、日常化を図るため、主幹教諭がリーダーシップを発揮して、運営委員会で論議を重ね、週時制を工夫して、毎月一回生徒集会を新たに実施した。ここでは、職員会において職員の知恵も引き出しながらプランを練っていったことで、職員の意識も高まっていった。具体的には、生徒会の各専門委員会からの呼びかけが行われ、自主的な生徒会活動の契機となった。また最後に全

校生徒で毎回、スローガンコール（掲示しているスローガンを全校生徒で唱和する）を行い、一人一人への意識付けを図った。経営の方針を浸透させるには、教師の意識や生徒の意識を変えなければならない。そのために生徒会の自主的な活動の果たす役割は大きい。

　森田（2014）は、それを「生徒会の活用は、「心づくり」から「社会づくり」へと対策をシフトさせるものである。つまり、個人の心の内面に歯止めを作るのではなく、社会や集団の力を増すことによって、集団の中に歯止めを作るのである」と整理している。

　生徒集会を定例化し、そこで生徒会のスローガンを全校生徒で意識化したことで学級へも浸透していくことになる。学校長としても学校便りで発信をしていくことになる。その一部を以下に示す。

生徒総会　56期　スローガン
陽（ひだまり）～君にとどけ。暖かいこころ～

　生徒総会の初めに次のような話をしています。

この生徒総会に向けて、よりよいA中をつくるため、学級でのアンケートや話し合いをしてきました。学校が楽しい学びの場になったり、一人ひとりが充実感を味わえるような学級、学年を生徒会の力でつくってほしい。そして、今、学校に来れていない友達

も来れる学級、学年をつくっていきましょう。
　今日の話し合いがそのきっかけになることを期待しています。
　生徒会がスローガンの趣旨を次のように説明していますので紹介します。
**『陽（ひだまり）』とは、「太陽」の「陽」で、太陽の陽（ひ）がよくさして風が吹き込まず、そこだけが暖かい所のことを言います。このスローガンには、Ａ中学校で人と人とが出会い、挨拶を交わし、会話が生まれ、友情が育くまれる。この流れの中で優しさ、相手を思いやる気持ち、そして笑顔があれば、おのずと『暖かい心』が生まれ、やがてＡ中学校自体が『陽』のような学校になるように！という想いが込められています。
Ａ中学校が『陽』のように暖かく、誰もが居心地がよいと思える学校になるよう共に頑張っていきましょう！！**

◎研修委員会を中心とした取り組み

　校内研究テーマは、生徒の人間関係力育成に焦点をあてた取り組みとした。ソーシャルスキルトレーニングを取り入れた実践的な研修とし、グループワーク形式で行った。ここでは研修委員会から具体的なスキルトレーニングの提案がなされ、それぞれの学級活動に活用された。研修のリーダーが毎月、校外の自主的な研修会に参加して、その内容をもとに校内研修会で提案を行った。具体的なエクササイズ中心なので、教員の参画意識も高まり、３学年とも学級開きや班替えごとに、リレーションづくりのためのエクササイズを行うことが「Ａ中学校オリジナルプラン」として定着している。教師の中から「班替えの時にエクササイズを挿入することで、学期のスタートでの人間関係のつまずきが少なくなった」などの声もありエクササイズの効果を教師達も実感している。

このようにエンカウンター等を学活で実施することで、子どもたちも次を楽しみにするようになり、学級の中に支持的風土が形成されていった。これらの取組は「支え合う仲間を作ることで、学校の雰囲気をまとまりのあるものへと変えること」（森田2014）に結びつく効果的なカリキュラムとなった。また校内研修会においても先生達のコミュニケーションが活発になったり校内研修会の抵抗感がなくなり、「次は何をするの」と先生方が校内研修会を楽しみにするようになったこともカリキュラムの定着に寄与したと考えられる。

　併せて夏季研修会では、「いじめをなくす学級経営」という視点から研修会のメンバーが参加している外部研究会の講師を招聘して、学級づくりの実際を学ぶ職員の研修に取り組んだ。このように外部の研究会や講師を招聘し、効果的に職員研修を実施したことは、教員の意識を変え、カリキュラム文化を変える重要な要素である。

◎道徳係の取組
　道徳教育推進教員を中心に道徳の係会で、いじめ問題のカリキュラム開発に取り組んだ。
　ここでは、スクールリーダーは、分散型の立場をとった。職員の参画意識を引き出すとともに、道徳教育推進教員がいろいろなアイディアを持っているので、それを引き出すことを心がけた。道徳の係が今までの経験や知恵をだして、カリキュラムを作成していった。年度当初の校内人事において、各学年の係に適任者を配置するという、人事マネジメントが成果をあげた。人事マネジメントは、校長が変革的リーダーシップに立ち、全力で実施できる領域であり、学

校改善に大きく寄与する。次に、そのカリキュラム原案を校内研修会で提案し、全職員の共通理解と共通実践の体制づくりを行った。この際、担当の職員が、校内研修会で全体に提案をするときに「校長先生が経営方針で強調されていた・・・」という言葉が聞かれるなど、経営方針が意識づけられた姿が見られた。

　このように日々の教育活動の中で、経営方針がボトムアップしてこそ経営の方向性を共有している姿であるといえる。しかし、現実は当初、経営方針が示されてから、途中でその文言が出てくることは少ない。マネジメントの第一歩は、組織構成員が「目標」や「ビジョン」を共有することである。そのために、常にトップダウン、ボトムアップを繰り返していくような課題意識の共有化が肝要である。このことで学校運営への参画意識や協働意識が醸成され、カリキュラム・マネジメントを推進していく学校文化が生成されることになる。

　以下に、道徳の時間の取組を、事例を基に詳述していく。

ア　カリキュラム１　　「いじめ問題」
　道徳教育推進教員を中心に道徳係会でいじめ問題の教材の選定・指導案の作成をおこなった。校内研修会で原案を提案し、各学級において授業に取り組んだ。
　今回は、松谷みよ子氏の「わたしのいもうと」（松谷みよ子・文／味戸ケイコ・絵、偕成社）といういじめの体験を基にした絵本を教材とした。併せて、絵本の後書きに記された作者のコメントや森田（2010）[28]が指摘する「現代のいじめ集団の構造は、「加害者」「被害者」「観衆」「傍観者」という四層からなっている」といういじめの構造図を教材としてもちいた。

第３章　実践事例１

＜ステップ１＞　各学級での活動

福岡市立○○中学校		道徳指導案		2011/9/27（水）4限	
資　料　名	「わたしのいもうと」（松谷みよ子）		内容項目４-(３) いじめを許さぬ強い心		道徳係
ねらい	「もしかしたら、自分はいじめの加害者ではなかったか」と自分を振り返ることで、いじめについての考えを深めていく。				
資料	絵本の後書き「いじめている君へ」、ワークシート、絵本、「いじめの構造図」				

	時	生徒の活動・発問・指示（生徒の反応）	指導・支援の工夫（留意点）
導入	5	1　「実話を元に書かれた、この絵本をもとに、いじめについて考えていきましょう」	・絵本の初めの＜作者の言葉＞を紹介する。
展開	30	2　「この後、妹にどうなってほしいと願いますか」 （元気になってほしい） （また学校へ行くようになってほしい） 3　続きを読む。（最後まで） 4　このいじめた子たちにどうしてほしいですか。 （妹に花をあげてほしい） （妹に謝ってほしい） （お墓参りをしてほしい） 5　松谷さんは絵本の最後に次のように書いています。（　）にどんな言葉が入ると思いますか。 あなたにとっては（1）のつもりでも、私にとっては（2）の問題なのです 6　いじめの定義についてかんがえてみよう。 （先生や親、されている人、している人）	・ゆっくり気持ちを込めて、教師が朗読する。 　絵本を見せながら、「学校へ行かなくなりました」まで読む。 ・物語の後半を読んでいく。結果は子どもたちの願いとは全く違ったものである。 　（妹は自殺し、いじめた子は笑いながら楽しそうに生活している。） ・「謝ればすむ問題か、花をあげればすむ問題か」と投げかける。 答え （1）：遊び　　　（2）：命 ・いじめは、されている側の問題であり、されている人がいじめられていると思ったら、もうそれはいじめである。自分は、やっていないと思っても、相手にとっては、いじめになることを確認する。

第1節 学校教育目標との連関を図った事例

終末	15	7 自分自身の行動を振り返り「いじめの定義」を踏まえて、ワークシートのＡＢについて書いてみよう。 8 「いじめの構造図」を説明する。 9 これから自分にできることを発表する。	・自分自身を振り返らせ、具体的に書く。 　Ａ　自分自身がしたこと 　Ｂ　人からされたこと 　※正直に振りかえる ・傍観者も加害者と同じ事を押さえる。 ・『いじめは、されている人が「いやだ」と感じるかどうかです。どんなにいいクラスでもいじめの芽はあること、すばらしいクラスとそうでないクラスの違いは、自分たちの力で解決していけるかどうか』ということを話してまとめとする。

授業後の生徒の感想を以下に示す。

○僕は今までの人権学習で心に残っていることはありませんでした。でも「わたしのいもうと」を聴いていると、心がジーンとしてきて、涙が出そうになりました。僕はいつもいじめはいけない、やってはいけないとずーと思ってきて、やることはあまりないけど、観衆としていじめに加わっていると思うと自分が嫌になってきます。僕も一度いじめられたのでその人の気持ちは分かると思います。この経験を生かして周りから少しずつ命を守れる人になります。

○人がいやな思いをしているとわかっても何もしないということは、これまでも何回もあったと思います。でも、勇気がなくて人に言えなかったり、人のことだからいいやと思って何もしませんでした。これから、いやな思いをしている人がいるとわかれば、行動し、自分がいやな思いをしても、やりかえすなどのことはせず「やめて」と言うことをしていきたいです。

○私はこれからいじめられている人を見かけたら、その人の命を守りたいし「やめなよ！」と言える人になりたいです。もし、自分だけで止められそ

第3章　実践事例１

> うになかったら、先生に伝えるようにします。いじめているつもりはなくても、今日学習したように、「あなたにとっては遊びでも、私にとっては命の問題なのです。」ということもあるので気をつけたいです。　　等

実践後の生徒の感想

　いじめの体験を基にした絵本という読み物資料を用いたことで生徒に身近な題材としていじめ問題を考えさせることができた。自らの体験と重ね合わせる意見もみられ、自己対話が図られるカリキュラムとなった。同時にいじめは当事者だけでなく周りの人の在り方が重要であることをいじめの構造図を用いて考えさせた。感想にある「やめなよと言える人間になりたい」など、森田（2014）[28]が指摘する「いじめに対して適切な行動がなされることによって、正義が貫かれ、集団の秩序も回復する」ことになり、全校をあげて、いじめを生み出さない学校づくりに貢献する道徳の授業となったと推測できる。

イ　カリキュラム２　「命の尊さ」
　道徳係から、命の教育を道徳の時間に行う企画が提案された。担当者が前任校で効果があったカリキュラムを工夫したものである。ここでも全体提案の時に、学校経営方針が職員から再度示された。このことは、教育目標とカリキュラムが連関された姿と考えられる。年度の途中、職員から教育目標が示されることは、組織体として重要な意味を持つといえる。
　学級での作文教材と講演からなる取り組みの概要を示す。

第1節　学校教育目標との連関を図った事例

＜ステップ１＞　各学級での活動

福岡市立○○中学校		全学年道徳指導案	2011/11/9（水）4限	
資料名	「命を見つめて」		内容項目　3-(2) 生命の尊重	作成者 道徳係
ねらい	「死」と身近に向き合った人の作文を読むこと聴くことにより、生きることの意味や命の大切さ、限りある命についての考えを深めていく。			
資料	「命を見つめて」の作文、　作文の朗読ＣＤ、　アフラックのＤＶＤ			
	時	生徒の活動・発問・指示（生徒の反応）		指導・支援の工夫（留意点）
導入	5	1　教室で「命を見つめて」の作文を各自黙読する。黙読した後、簡単なアンケートと感想を書く。		・代表生徒などに読ませないこと。黙読することに重点を置く。
展開	10	2　作文と感想を書いたワークシートを持って体育館に集合する。　　　＊全体進行　（道徳係）		・放送で指示をする。 ・生徒会役員で整列指導をする。
	9	3　この作文を知っていたかどうか聞く。 　　　教室で黙読した作文の感想を発表させる。		・その場で挙手させる。 ・各学年から2名程度、その場で指名して言わせる。すぐに対応できる生徒をあらかじめ決めておく。
	6	4　「命を見つめて」の作文の朗読を聴く。 　　　＊猿渡　瞳さんの弁論大会でのＣＤを流す。		・各自もう1度、作文を見ながら静かに聞く。
	5	5　瞳さんのその後のことと「瞳スーパーデラックス」の本を紹介する。		・瞳さんが亡くなったこと、その後の反響の大きさなどを知らせる。
	5	6　アフラックの講演のＤＶＤをプロジェクターに映し出したのを見る。（ＤＶＤは途中まで）		・お母さんの予告をして話の続きに期待を持たせるようにする。
終末	2	7　次回の道徳の時間を特設として、猿渡　直美さんの講演会を聞くことを予告する。		・2時間続きの講演会になるということを周知させておく。
	8	8　静かに教室にもどる。		

第3章　実践事例1

＜ステップ2＞　全校での活動

福岡市立○○中学校		全学年道徳指導案	2011/11、15(火) 5.6限	
資　料　名		瞳スーパーデラックス	内容項目　3-(2) 生命の尊重	作成者　道徳係
ねらい　猿渡瞳さんのお母さんの講話を聴くことにより、生きることの意味や命の大切さ、限りある命について考えを深めていく。				
資料			プロジェクター	
	時	生徒の活動・発問・指示（生徒の反応）	指導・支援の工夫（留意点）	
導入	10	1　予鈴で体育館に入場する。	・生徒会役員で整列指導をする。	
展開	2	2　今日の学習についての説明を聞く。 　　　　＊全体進行　（道徳係）	・途中で休憩はとらない。	
	2	3　講師紹介	・見苦しくない程度の姿勢で、集中して聴かせるよう注意する。	
	90	4　講演		
	2	5　お礼の言葉（代表生徒）を言う。		
終末	25	6　教室で、「お母さんへの手紙」という形で今日の感想を書く。	・道徳係で集約し、猿渡さんへ送付する。	

○お母さんのお話を聞いて生きていくことに対しての勇気をもらいました。なんのために生きているのだろうと思うことがあります。でもお話しを聞いて思いました。そんなときこそ強くなろう。もっともっと成長して強く優しい人になろうと。

○最後の最後まで一生懸命生きようと努力している瞳さんをみていると感動で涙が流れてきました。・・・僕もどれだけ絶望的な事が起きても絶対最後まであきらめず奇跡を起こしたいと思います。

○私は以前、入院しているとき、瞳さんの作文を読みました。その時の私は、今頃遊んでいるみんなの顔を浮かべるとすごくうらやましく、こ独感がありました。でも作文を読むと、瞳さんがそばにいてくれて助けてくれたような気がしました。まさか今日瞳さんのお母様にお会いできるとは思っていませんでした。・・・作文を読んで心から救われました。一人じゃない、自分だけじゃない、自分よりひどくても必死に頑張っている人がいると想像すれば、病気が治らなくても支えてくれる人がいるだけで幸せでした。

○・・・私はどんなにつらいことがあっても絶対生きていくと今日思いました。生きたくても生きられない人はたくさんいるので、自殺して自分から命をたつなんておかしいと思いました。私は私を大切にしてくれる人を裏切らないよう、精一杯生きていきます。そして、大切なことに気づかせてくれてありがとうございました。

生徒による猿渡瞳さんのお母さんへの手紙

ウ　カリキュラム３　「障がい者差別」

　教育目標のもうひとつの視点である「差別」についてのカリキュラムについて取り上げたい。人権教育推進委員会で障がい者差別のカリキュラムを開発した。間接的な教材ではなく、実際に障がいをもった方の講話が心を揺さぶるとの考えから講師を選定した。出産のときの事故により現在も歩行や言語に障がいをもちながら積極的に社会参加をされている講師の方を招聘した。全校道徳という形式をとった。

第3章 実践事例1

全校での活動

福岡市立○○中学校		全学年道徳指導案		2012/2、15 (火) 5.6限	
資料名 「障がい者」という言葉のない社会を！			内容項目　3-(3) 人間の尊厳		作成者 道徳係
ねらい　障がいをもっても明るく前向きに生きている、Mさんの姿から、障がい者への理解と共生の心情を育成する					
資料			プリント		
	時	生徒の活動・発問・指示（生徒の反応）		指導・支援の工夫（留意点）	
導入	10	1　予鈴で体育館に入場する。		・生徒会役員で整列指導をする。 ※事前学習で使用したプリント持参	
展開	2 2 90 5	2　今日の学習についての説明を聞く。 　　　＊全体進行　（道徳係） 3　講師紹介 4　講演 5　質疑応答 6　お礼の言葉（代表生徒）		・途中で休憩はとらない。 ・見苦しくない程度の姿勢で、集中して聴かせるよう注意する。	
終末	25	7　教室で、今日の感想を書く。		・学級たよりで紹介する。	

○　すごくパワフルで元気、そしておもしろい方だなと思いました。いつもの人権講演会は、固くて重い感じだったけど、Mさんから元気と希望をいただいている感じがしました。それに加え「ガイジ」とは何か、「障がい」とは何なのかを深く考えることができました。「障がいは神様からの贈り物」や「人は前を向かないと、前へは進めない」というという言葉もそうですが、Mさんのような前向きな気持ちを持ち続けられるということを、

とても尊敬しています。障がいは神様からの贈り物で、障がいは、人それぞれ十人十色の個性だと自分は思いました。

○私が小学校から聞いてきた講演は「いじめ」や「うつ」など暗いものばかりで、正直かわいそうだなとしか思いませんでした。でも、今回の講演はおもしろい事もまじえながらとても聞きやすく、心にとても残っています。私も小学校の時、ひどい事を言われてすごく嫌な思いをしたことがありました。でも生きることはすばらしい事、障がいは、神様からの贈り物。その言葉を聞いてとても感動しました。・・・いつもいつも、物事をマイナスに考えて自分自身をきらい、周りの人を傷つけたりしてきましたが、Mさんのおかげでプラスに考えてもっと自分を好きになろうと思いました。

事後の生徒の感想

（4） C・Aの段階 （カリキュラムの評価と改善の実施）

　カリキュラム1、2、3の実施後の感想から、これらの教材は十分に子どもの変容を促すことができたと推測される。学校教育目標の下、教職員が意識を一つの方向に収束させながら知恵を絞った結果だと考えられる。子どもの変容を教員が感じ取ることで次のカリキュラム開発への意欲も醸成されていく。

　次に、1年間の取り組みをとおして、全校生徒に実施したいじめアンケートをもとに評価と改善について考察する。

　年2回実施したいじめ調査の「クラスでいじめがあるか」との項目に対する結果を表2に示す。

第3章 実践事例1

表2 いじめアンケートの結果

	9月の調査		翌年2月の調査	
1年生	65／300	21.7％	32／301	10.7％
2年生	21／275	7.6％	1／276	0.001％
3年生	22／252	8.7％	0／252	0％
全　校	108／827	13.1％	33／829	0.04％

（分母は対象生徒数、分子は「ある」と回答した人数）

次にカイ二乗検定を実施した。その結果は表3のようになった。$\chi^2 = 36.1$ となり、1％水準で有意であった。このことから生徒たちの認識では、いじめの減少が確認でき、カリキュラムの効果は認められたと考えられる。

表3 カイ二乗検定の結果

	9月調査	翌年2月の調査	計
いじめがある	108（12）	33（4）	141（8）
いじめがない	827（88）	829（96）	1656（92）
計	935（100）	862（100）	1797（100）

※数字は人数、（　）内は％

しかし、いじめの問題は多様である。アンケートから読み取れるものと潜在化しているものがある。アンケート結果から、全て改善したととらえることはできないが、様々なカリキュラムを「いじめをしない」「思いやりの心をもつ」など、教育目標を焦点化してカリキュラムの開発を行い、生徒たちに教育活動を展開することで、学級や学年、学校全体にいじめをさせないという風土ができつつあると推察できる。

次の表4に示すのは、過去3年間の全国学力・学習状況調査

の生活アンケートの結果である。「いじめをいけないことだ」という意識が次第に醸成されていることが推察される。

表4　全国学力・学習調査の生活実態調査

質問項目	いじめは、どんなことがあってもいけないことだと思いますか			
	1	2	3	4
平成21年度	61.8	29.8	6.2	1.8
平成22年度	73.6	19.2	4.5	2.6
平成23年度	79.7	15.9	3.7	0.8

（1：当てはまる　2：どちらかといえば当てはまる　3：どちらかといえば当てはまらない　4：当てはまらない）

　本実践は、教育課題に即した学校教育目標であったため、実践のポイントポイントで、目標を示したり、再度共有できたことで組織構造や組織文化に変化が起きたと推測できる。トップリーダーが変革的に改革を進めるとき、マネジメント機能が活性化され、教育活動の領域でも効果を上げると言える。
　カリキュラム評価をする中で、今回のような実話を生徒に聞かせるカリキュラムが大変生徒の心を揺さぶり効果的であるとの意見が多く聞かれた。ここでの課題は、外部から講師を招聘するときの経費の問題である。今後これを定着するため、学校予算の範囲だけでは十分ではないので、ＰＴＡ会長と交渉して、このような取組が効果的であることを理解して頂き、ＰＴＡの年間予算の中に予算化して（毎年10万円）頂くことができた。校長と会長のトップマネジメントでカリキュラムが継続実施する見通しが立ったことで、継続的な学校改善へと結びつくと考えられる。経

営領域のマネジメントではトップの働きが不可欠である。
　このようにカリキュラムのマネジメントは、組織マネジメントの活性化・具体化を図る上で、大変有効なストラテジーであると実践から明らかになった。さらに具体的な成果が、子どもの変容で明確に出てくることで、教員にも実践の手応えや達成感が感じられる。このようなサイクルを繰り返すことで、目標と手段、そして評価、改善の組織マネジメントサイクルと、自己改善が円滑に進み、学校改善が図られていく。
　今後の課題として、今回のようなカリキュラム事例を年間指導計画の中に位置づけて、次年度へと発展させることが必要となる。限られた時間の中で、カリキュラム開発、評価、改善を効率的に工夫しながら進めていくことが求められる。

第2節　危機管理における実践事例
（1）Rの段階　（学校課題の明確化）
　カリキュラムは、本来、計画立案や実施において、意図的・計画的に見通しをもって実施されるべきものである。しかし学校教育においては、突発的な事件や事故が発生することがある。いわゆる危機管理場面に遭遇したとき、危機対応としてカリキュラムを作成し、実施することも必要である。
　ある日の朝、校門扉の掲示板に人権を侵害する落書きが登校してくる生徒によって発見される事象が発生した。内容等からして、外部のものの可能性が十分考えられた。警察等の関係機関に届けを出したが、登校時に多くの生徒が目にしていることが課題となった。生徒への指導をどのようにするのかという問題点である。

このような危機に際しては、トップリーダーの決断が必要となる。生徒たちにきちんと理解させるには、カリキュラムをつくり、授業をすることが必要であるとの決断を下し、具体的なカリキュラム作成について、人権教育推進委員会を中心に何度も協議を行いながら進めていくことになる。今回の事案を危機管理の場面におけるカリキュラム・マネジメントの事例として整理してみることとする。

（2）Pの段階 （カリキュラム開発の組織的な取り組み）

人権教育推進委員会で企画されたカリキュラムを職員会で審議を行った。さらに学年の生徒の実態や既習事項との関連があるので、臨時の学年研修会において、具体を協議していった。

係が提案をする前に、トップリーダーとして、年度当初の経営方針である「いじめや差別・・・」に触れながら、今回の事案が大変重要なことであることや学年で協力しながら授業に取りくむことなど、変革的なリーダーシップにたち、校長としての考えを明確に示した。次に授業をする前に、職員全体の研修が必要だと判断し、外部講師を緊急に招聘して校内研修会を開いた。講師の選定や依頼については、学校長が主体となって人権教育担当者とともに動くことになる。

人権教育推進委員会を中心とするカリキュラム開発と教師の認識を高めるための教員研修の2本立てで、対応をしていったことで、組織としての機能が高まり、全ての教員が課題意識を共有し、協働体制で、事に当たっていく組織文化が醸成されていった。

第３章　実践事例１

第１学年　　学習指導案　　　　2012/2
ねらい・・・落書きの意味するところをとおして、部落差別（同和問題）の解決に向けて考えを深める。 教材・・・落書きの写真
（第１次）２月８日　４限目 　　小学校６年生のときの「部落史学習資料」（鎌倉時代〜現代）・ワークシート （第２次）２月10日　４限目 　　ふくおか市政だより「考えようみんなの人権」のパンフレット・ワークシート

＜第一次＞

	学習活動	予想される子どもの反応	支援と指導上の留意点
導　入 10分	1. 落書きの写真を見る。 2. この落書きを見た感想を書く。	○落書きはいけない。 ○同和の意味が分からない。	・拡大写真を黒板に貼る ・ワークシートに感想を記入させる。 ・同和の意味を理解するために小学校６年の部落史学習の復習することを告げる。

展　開 30分	3. 部落史学習資料を読む。 　時代ごとに被差別部落の置かれた状況をまとめる。 4. 同和問題とは何かを考える。	○（江戸）農民や町民からも差別され、住む場所や服装なども決められていた。 （明治）解放令が出され、部落の人々も平民となったが、差別は残った。 （大正）全国水平社が結成され、部落の人々が差別をなくす運動を始めた。 （現代）同和対策審議会の答申に基づき、政府は同和問題（部落差別）の解決のための法律も作ったが、いまだに就職や結婚において差別がみられる。 ○過去、部落の人達が受けた差別が、現代も就職や結婚において見られるということがあるということ。	・ワークシートに時代ごとに書かせる。 ・資料中の「部落の人々」とは「農民や町民から差別された人々」であることを押さえる。 ・「差別と貧窮の歴史」の説明で、マイナスイメージを持たないよう配慮する。 ・部落差別がいわれのない差別であることをきちんと押さえる。 ・ワークシートに考えを記入させる。 ・同和問題（部落差別）の意味を確認する。就職差別や結婚差別に対して許されないことであることを押さえる。
まとめ 10分	5. 今回の落書きのもつ問題点を考える。		・ワークシートに記入する。 ・次回はこの問題について考えることを予告する。

第3章　実践事例1

<第2次>

	学習活動	予想される子どもの反応	支援と指導上の留意点
導　入 10分	1. 落書きのもつ問題点を確認する。		・前回記入したワークシートの内容を紹介しながら落書きのもつ問題点を確認する。（紹介する生徒の考えは、プリントにして配布する）
展　開 30分	2.「考えようみんなの人権」の人権地図（日常生活のイラスト）をもとに、人権に配慮されたり、人権が侵害されている場面をみつける。 （個人→班活動） 3. 重大な人権問題なのに、この地図では見えてこない差別はなんだろうか。	○車いすの人が乗りやすいバスがあり、運転手が女性だ。 ○点字ブロックの上を自転車で通っている人がいる。 ○公民館では、スロープがあり、男性が料理をしている。 ○地下鉄では、外国人のために英語や韓国語の表示がある。 ○人権尊重推進協議会がキャンペーンをしている。 ○保健所ではHIVについての学習が行われている。	・この人権地図は、福岡市人権尊重週間に合わせて、「ふくおか市政便り12月号」に掲載されたものであることを説明する。 ・気づいたことをワークシートに記入させる。 ・どんな人権問題が見えてきたか確認する。（障がい者の人権、男女平等の人権、外国人の人権、高齢者の人権、HIV感染者の人権等） ・同和問題が日常の生活ではなかなか見えてこないことに気づかせる。 ・前時の学習を想起させる。
まとめ 10分	4. 部落差別をはじめ一切の差別をなくすために、これから自分のできることについて考える。また今回の人権学習全体を振り返る。		・再度、落書きの写真を提示して、考えを深める。

(3) Dの段階 （具体的カリキュラムの実施）

　第1学年のカリキュラムの具体を、あるクラスの授業の概要から探ることとする。

　全体の授業時間は、2日間、それぞれ1時間の合計2時間で授業を展開した。

＜第1次＞

　導入で、日常生活の中での落書きについて考えさせることにした。生徒からは、「公共の場に書かれると不愉快」だとか「その内容が人を傷つけるものである場合、自分のことが書かれてなくても、いやな気持ちになった」ことなどが発表された。

　展開では、まず校門に書かれた落書きの写真を見せ、次の点について考えていった。

　①この落書きを見てどんな気持ちになるか？という問いかけには、「いやな気持ちになった」「A中の校門に書かれていやだ」という感想が出た。

　②この落書きの被害者は、落書きを書かれたA中だけだろうか？これは、生徒に対して、一つに、書かれた場所の持ち主などの直接の被害者、二つに、書かれた対象の人、三つに、この落書きを目にしなければならないすべての人、という3点から押さえた。

　③書かれた人は誰のことを指すのだろうか？これには小学校で学習した人権学習を想起させた。小学校でかなり歴史学習をしている生徒が多かったので、簡単に歴史学習の復習をした後、「いわれのない差別（不当な差別）であること」と「現在もこの差別によって傷ついている人がいること。国や県・市を挙げて、差別をなくす取組をしているのに、正しい知識や人権感覚をもたない、こころない人達のために、この差別によって傷つ

第3章　実践事例1

いている人が今もおられること（今回の落書きもそうである）」の2つのポイントを押さえた。さらに、なぜ、中学校の校門に書いたのかを考えさせた。生徒からは、「生徒にも差別を広げようとしている」「中学校で人権学習をすることへのいやがらせだ」という意見が出た。

最後に「私たちは差別だと気づくことができるか」「偏見に惑わされず、各自が正しい知識をもって行動できるか」「この落書きをどうとらえて行動していくかが問われている」とまとめた。

＜2次＞

導入で、前時で学習した落書きの持つ問題点を確認した。次に前時の最後で書いた感想を紹介した。以下はその感想の中の一つである。

・中学校という誰でも、簡単に見ることができるところに、このような落書きを書くなんて本当にひどいと思いました。しかも差別は差別でも「いわれのない差別」で、それによって傷ついた人がたくさんいて、それをなくすために、小学生の時からたくさんの学習をしてきた中学生に向けて、この落書きを書いたことは、私たち中学生のことを考えても、実際に差別されてきた人たちのことを考えても、絶対に許されていいはずがないと思いました。そして、私たちが落書きを見て、それがどれだけ深い意味をもった言葉なのかということを、絶対にわからなくてはいけないと思いました。もし私たちが何も知らずに、その落書きを見たら、「同和」の意味がわからずに、何も強く感じることなく、終わっていたと思います。それがどれだけいけないことで、どれだけ差別された人たちを傷つけることだったかということを、今日の学習で感じることができました。

展開では、福岡市人権尊重週間に合わせて市政便りに掲載された「考えようみんなの人権」という街図のイラストから人権問題をみつける人権地図を提示した。この日常生活を示したイラストから人権問題をさがし、発表させた。
　具体的には、障がい者差別、男女差別、外国人差別、高齢者の人権、子どもの人権など、日常の生活の中にある人権問題を考えさせた。しかし、この地図では、見えてこない差別に、同和問題があることに気づかせていった。
　まとめとして、人権地図の中にかかれている「部落差別をはじめ、一切の差別をなくす取組を、一人ひとりが推進しよう」という呼びかけに注目をさせ、私たちがしなければならないことは何だろうか？と問いかけて、まとめとした。
　授業後の感想を次に示す。

・落書きを書いた人は、なぜそんな差別をまだしているのだろうと不思議に思いました。そして、こんなひどい落書きをA中学校にしたということに対して、怒りも感じました。この差別のせいで結婚ができない、させてくれない、そんな「いわれのない差別」のせいで、まだたくさんの人が苦しんでいるのに、それをさらに続けようとしている人がいる。そんな人達を許すことはできません。なぜ、今になってもその差別を続けるのか、まだその人達が差別されなければならないのか。たくさんの疑問が浮かびました。僕はこの差別について正しい考え方を広めていきたいなと思いました。

（4） C・Aの段階 （カリキュラムの評価と改善の実施）

　危機に際して、トップリーダーがリーダーシップを発揮し、組織的な対応を実施したことで、職員の意識も一つになっていった。今回の事例では、トップマネジメントによる決断と方向性の決定、さらには具体的なカリキュラムの内容まで進行管理していく、変革的であるとともに教授的なリーダーシップが必要であった。露口（2003）は、「周囲に重要な結果をもたらすことが予測される問題場面や教師が避けたいと思う問題場面においてこそ教師の先頭に立つこと」が変革的リーダーとして、職員に認知される条件であるとしている。危機管理場面においてこそ、トップが発揮するべき資質であると言えよう。

　このような取組は、クラスの学級便りで保護者へ紹介されていく。学校での出来事をしっかり情報発信していくことで、保護者の信頼へとつながると考えられる。

　以下にあるクラスの学級便りの一部を示す。

地域社会の人権

　校内の落書きを受けて再度、人権学習に取り組みました。落書きされていた「同和」という言葉は、ほとんどの人が知らなかったようです。「同和」や「部落差別」について深く学習することはできませんでしたが、中学二年生では、社会の授業や人権学習で学ぶことになります。・・・・・今回の落書きを知らせてくれたのは、あなた達の先輩です。学習していたからこそ見逃してはいけない落書きだと見抜くことができたのです。あなた達も差別を見ぬく力を得られるようにしましょう。学力はそのためにあります。

二時間目では、人権地図をもとに、人にやさしいところや気になるところを探してみました。私たちの住む町が安心できる町であるように、あなたたち

も差別をなくす取組に参加してください。その前に、このクラスの中の差別をなくすこと。このクラスの全員が、この教室で安心して生活できるように、どんな差別もなくしていきましょう。

人権学習を終えて「みんなの考え」から

・もし友達が「あいつきもいから遊ぶのやめよう」と言ったら、僕はその人を注意すると思います。
・お年寄りや手足が不自由な方などに親切にする。困っている人がいたら助ける。そして見えない差別もしっかりと気づける人になりたいです。
・差別は身近なところにあると思った。もし友達が人を傷つける言葉を言ったら、これから注意しようと思った。
・自分は差別をしない。差別はおかしいという考えを情報発信していくこと。・・・小さなことでもよいから自分でできることを一つ一つしていけば、A中校区やその周りは、だれもが住みやすい所になると思う。

　今回の事案は、A中学校のみならず、市内の他の地域でも同様の落書きが発見されて、社会教育関係機関が中心となって、全市的な取組へと発展していくことになる。また取組事例は、全市的な人権研修会で、中学校の人権教育の現状として実践発表を行った。
　その中で発表した教員から、自分たちの変容として、「生徒の日常生活における人権意識の把握が進んだこと」と「教職員の指導の連携が進んだこと」などが語られた。このことはカリキュラム・マネジメントをとおして、学校の組織文化が活性化したことを示していると解釈できる。

第3章　実践事例1

＜B中学校の事例＞
　B中学校は、福岡市の北西部に位置する公立中学校である。福岡市の急激な人口増加に伴い、平成元年に新設された。住宅街の中にあり、平成26年の実践当時、学級数は15学級、生徒数480名程度の市内では中規模の中学校である。校区内に高等学校1校、小学校2校、中学校2校、特別支援学校1校があり、開発はほぼ終えている。一部、関東や関西からの転出入があるが、生徒数は10年前に比較すると減少している。

第3節　総合的な学習の時間での実践事例
（1）Rの段階　（学校課題の明確化）
　高度経済成長の時には、学校を出て企業等に就職をし、多くの若者達が安定した職をえていた。しかし2000年代に入り、規制緩和のうねりの中で、非正規雇用がふえ、正規の職業に就かない、つけない若者が増加してきた。さらにリーマンショック以後の景気の低迷で就職活動は厳しさを増した。きちんとした勤労観、職業観をもたない若者の増加も社会的な問題となっている。このような中、平成18年に改正された教育基本法において、「各個人に対する能力をのばしつつ社会において自立的に生きる基礎を培う（第五の2）」ことと、学校教育法の義務教育の目標として「職業についての基礎的な知識と技能、勤労を重んずる態度及び個性に応じて将来の進路を選択する能力を養うこと（第二十一の十）」が定められた。
　したがって学校教育においては、幼児期から発達段階に応じてキャリア教育の充実が従前にも増して強く求められている。ここでは発達段階を踏まえ、「社会の中で自分の役割を果たしながら、

自分らしい生き方を実現していく過程」であるキャリア発達を促進していくことが重要になる。

福岡市においては、「新しい福岡の教育計画」において、すべての子どもたちに身につけて欲しいスタンダードとして「あいさつ、掃除」という基本的な生活習慣に加えて「自学、立志」という自分の将来を見据えたキャリア教育の充実の方針が定められた。

本校においても次の学校教育目標に基づき、キャリア教育の充実を図っている。

平成25年度　学校経営方針

福岡市立B中学校
校長　中　川　英　貴

1　本校教育の基調

　公教育の精神と使命を自覚し、保護者・地域社会の信頼と期待に応え、開かれた学校づくりをとおして生徒一人一人のよさや可能性を伸ばし、自ら学び心豊かにたくましく生きる力を身につけた生徒の育成に努める。

　福岡スタンダード「あいさつ・掃除、自学、立志」の実現に取り組む。

2　学校教育目標

　「基本的生活習慣を身につけ、自ら学ぶ意欲と志をもち心豊かでたくましく生きる生徒の育成」

3　学校経営の基本方針

（1）公教育の使命を自覚し、生徒・保護者・地域社会の負託に応える学校づくりに努める。

（2）校長のリーダーシップのもとに組織的・計画的に運営を行うとともに、全教職員が個性と創意を発揮しつつ「チームB中」の精神で協力し合い、教育目標の達成に努める。

第3章　実践事例1

> （3）生徒一人一人のよさや可能性を見つけ、それを伸ばすことを根底に据え、自らの夢や希望に向かって学ぶ意欲や思考力、判断力、表現力などの育成に努める。
> （4）保護者や地域、関係諸機関との連携・協力を図り、特色ある開かれた学校づくりを推進する。

　キャリア教育の全体計画は、年度末の教育課程編成作業において、学校長の方針の下、教務主任を中心に担当の係会で別添資料のように策定した。全体計画の各学年の重点目標に従って主に総合的な学習の時間でキャリア教育に取り組んだ。1年生では、主として身近な人から話を聞いて職業について知る「職業調べ」とさまざまな仕事に就いている方にゲストティーチャーとして講話していただく「社会人講話」を実施した。2年生では、主として「職場体験学習」と将来の自分について考える立志式を実施した。3年生では、主として具体的な卒業後の進路について学ぶ「高校訪問」や「高校出前講座」を実施した。

　本稿では、その中の2学年に位置づけられている「立志式」を、カリキュラム・マネジメントの観点から事例分析した。

　この行事は、福井藩等で古くから人生の節目として執りおこなわれてきた立志式に由来するものであるが、現代的なキャリア発達における発達課題としてとらえ直すこともできる。

　前年度を振り返り、成果としては、教務担当主幹教諭の司会による「儀式の部」と実行委員の生徒の司会による「発表の部」の2部構成にしたことや小学生の一部（2校のうちの1校）参加を実施したことである。課題としては、発表生徒の選定が教師主導で行われたことや立志録が将来の夢や目標に絞りすぎていたため生き方・在

り方まで広げることができていないことが上げられる。また立志式と日常生活の関連が十分図れていないなどもあげられた。

（2）Pの段階　（カリキュラム開発の組織的な取り組み）

　前述の課題を踏まえ、改善の視点を以下の通りとした。すでに学年職員を中心にカリキュラムを工夫していこうという風土が形成されていた。スクールリーダとして、教授的なリーダーシップにたって、改善点を次のように学年職員に提案し、改善が図られた。
○立志の作文を「どのような生き方をしたいのか、どのような夢や目標があるのか」というテーマにして、自分らしい生き方を考えさせるよう指導した。
○立志の作文を事前にクラスで読み合わせ、全員による相互評価を実施した。その結果から発表者を選定した。学年主任のリーダーシップで、昨年のカリキュラムを検討して、以下のような工夫改善が図られた。ここでは、分散型のリーダーシップに立ち、職員のアイディアや参画意識を重視した。その結果、次のような工夫改善が図られた。
○「キャリア教育全体計画」（資料）に基づき、以前実施した職場体験学習を想起する場を設定したり、立志式の後に、高等学校の先生を講師に招聘して「高等学校とはどのようなところか」というテーマで講話をしていただき、過去、現在、未来が見通せるようカリキュラムの工夫改善を行った。
○生徒の実行委員会を組織化し、企画や運営に参画させ、従前にも増して主体的な活動を引き出すよう工夫改善した。
○両小学校の6年生を全員参加させ、事後に感想を書かせ、中学生に返すことで小中学校の連携を図った。

組織的な動きは、学校教育目標実現のため２学年の取組として進められた。この学年の組織文化は変革的で協働的であり、学年主任を中心によくまとまった学年文化を有している。

したがって、筆者は学校長として、教授的・分散的リーダーシップの立場に立ち、ポイントを押さえたアドバイス・指導や相談に応じながら充実した内容になるようマネジメントを行った。

（３）Ｄの段階 （具体的カリキュラムの実施）

具体的な企画については、学年主任を中心にした学年会が中心となった。企画の素案は、１２月には運営委員会にはかられた。そして生徒の実行委員会を立ち上げ生徒の参画を促しながら準備を進めた。冬休みの宿題として立志録の作文が課され、３学期に入り４回にわたって実行委員会が開かれた。その間音楽科による合唱の練習が進められた。教育課程上は総合的な学習の時間及び学校行事として位置付けた。次に立志式の具体的なカリキュラムを示す。

行事名	立志式	儀式的行事	校務分掌	２年生
行事の ねらい	○自らの志を立て、これまでの自分の生活を省みて、これからの自分の人生を前向きにとらえ、理想を胸に努力精進していこうとする態度を身につける。 ○進路学習などで学んだことを振り返り、今後の具体的な進路を含めて一人ひとりが目標を抱き、その達成への決意を心に刻む機会とする。			
実施時期	平成２５年２月２８日（木）５限目		所要時間	５０分
対象生徒	２学年生徒		経費 （立志録費）	一人 300円
担当	職員	管理職・教務 ２学年教員	生徒	立志式実行委員 ２学年生徒	利用する 施設設備	アリーナ

	具体的方法・内容	留意点
事前活動	12月・立志式についての学年集会、立志録の作成（作文指導） 　　　・実行委員会発足（各クラス生徒会役員を含めて3名）および打ち合わせ 1月・朗読生徒学級内選考会、合唱の練習等、立志録の作成（製本） 2月・代表生徒の選出と練習と朗読・マナー指導、リハーサル	
当日の活動	○朝掃除・昼休み　　シート敷き・椅子出し・椅子並べ ○儀式の部　司会（教務）　　入場開始 立志式開始 　1．はじめの言葉　2．校歌斉唱　3．校長先生のお話 　4．PTA会長のお話　5．立志の言葉（代表生徒）6．終わりの言葉 ○発表の部　司会（実行委員） 　1．始めの言葉　（実行委員） 　2．これまでの学習の振り返り（代表生徒発表） 　　　1年社会人講話（1人）、2年職場体験（1人） 　3．これからの私（代表生徒発表）立志録の朗読（各クラス2名） 　　（8分間1人1分） 　4．感謝の言葉と未来に向けて 　　　合唱（ハレルヤ、ふるさと）　　感謝の言葉（代表生徒発表） 　5．終りの言葉（実行委員） ○退場　保護者：進路説明会 ［会場配置図］ 実行委員／職員席　｜　バス・テナー男子（1組・2組・3組）　｜　2年　女子（1組・2組・3組）　｜　アルト・ソプラノ　｜　来賓席 小学生（159名） 保護者（170名）	

第3章 実践事例1

| 事後 | ○反省を行い、今後の進路指導につなげていく。 |

◆立志録の事前準備
　1月8日（火）始業式後、各クラスで原稿集約　添削指導
　1月25日（金）清書完成　　　　1月28日（月）印刷会社へ提出
◆学級の中で、原稿の発表会をして二人選出する（評価シート）
◆実行委員会事前準備　2部の内容について
　・司会　・発表者（社会人講話・職場体験等）　・感謝の言葉等
　・歌の練習の運営・計画

（4）C・Aの段階　（カリキュラムの評価と改善の実施）

ア　アンケートの単純集計の結果

　事後のアンケートは、学級指導に於いて後日実施した。質問項目は以下の10項目とし、4件法（4：よくあてはまる、3：ややあてはまる、2：ややあてはまらない、1：全くあてはまらない）による単1回答方式とした。表5は、単純集計結果を示したものである。

表5　アンケートの集計値

		平均値
①	立志式は、自分の将来を考える良い機会になった	3.4
②	毎日の学習に一生懸命取り組みたいと思った	3.5
③	高校のようすがよく分かった	3.5
④	夢や目標に向かって努力したい	3.7
⑤	今、中学生としてどのようなことを頑張ればよいのか分かった	3.3
⑥	友達の発表が参考になった	3.1
⑦	将来のことを親や先生などと一緒に考えていきたい	3.1
⑧	自分自身のよさや可能性を生かしていくことが大切だと思った	3.4
⑨	周りの友達と一緒に、目標に向かって頑張っていきたい	3.5
⑩	立志録を書くことで、自分の将来を真剣に考えることができた	3.4

おおむね全ての項目で、3.0以上の評価を得たことで、行事の効果はあったと言える。
　特に夢や目標に向かって努力をしたいという項目が最も高かったことは、自らの生き方や進路を考える契機として立志式が効果的であると考えられる。今回、高等学校からの説明をリンクさせたことで相乗効果を生んだものと推測される。また立志録をクラスの中で交流することで、周りの友達と一緒に頑張りたいという気持ちが醸成されたことは、受験に向けて孤立して学級のまとまりがなくなる弊害を生まず、進路の実現に向けて学級や学年が一つになっていくことが期待される。3年生を目前にしたこの時期に実施することは教育効果も高いと言えよう。

イ　因子分析の結果

　質問項目に対して、因子分析（主因子法）をおこなった。その結果、表6に示すように2つの因子が抽出された。

表6　アンケートの因子分析

N＝141

	第1因子 将来設計への構え	第2因子 行動の明確化
（バリマックス回転後の因子負荷量）		
① 立志式は、自分の将来を考える良い機会になった	0.636	0.365
② 毎日の学習に一生懸命取り組みたいと思った	0.229	0.611
③ 高校のようすがよく分かった	0.155	0.329
④ 夢や目標に向かって努力したい	0.164	0.62
⑤ 今、中学生としてどのようなことを頑張ればよいのか分かった	0.326	0.557
⑥ 友達の発表が参考になった	0.718	0.116

⑦ 将来のことを親や先生などと一緒に考えていきたい	0.594	0.439
⑧ 自分自身のよさや可能性を生かしていくことが大切だと思った	0.524	0.406
⑨ 周りの友達と一緒に、目標に向かって頑張っていきたい	0.498	0.477
⑩ 立志録を書くことで、自分の将来を真剣に考えることができた	0.435	0.482
固有値（固有値が1以上の因子を抽出）	2.196	2.150
寄与率	50.5%	49.5%

　第1因子は、友達の発表を聞いたことが契機となって、これからの自分の人生をどのような職業について、どのように生きていくのかを真剣に考えていこうという心的構えと考えられる。したがってこの因子を「将来設計への構え」と位置付けた。キャリア教育における、自分の将来設計であるキャリアプランを見通す力の育成に寄与していると考えられる。

　第2因子は、進路の希望に向かって明確な目標を立てて、その実行に向けて努力をしていこうとしている姿勢を表している。したがって「行動の明確化」と位置付けた。

　見通しのある目標が立ってこそ意欲も高まる。そのための心構えの因子や具体的な行動を考えようとする因子が見いだされたことで、立志式のように古くから行われてきた大人になるための伝統的な節目の式はキャリア発達を促すものだと推測できる。

ウ　立志録の内容

　この立志式を自分らしい生き方を求める一つの発達段階とすることをねらった。自分が将来、何かの職業に就きたいということ

を考えるときに自分がどのように生きたいのか、どのように在りたいのかを考えることが、自分らしい生き方を獲得していく過程であるキャリア発達には不可欠だからである。

　立志録の作文指導において、前年度までは作文のタイトルには「私の夢」が多く見られた。これでは、なりたい職業などは記述するが、その前提となる、どのような生き方がしたいのか、どのような人間になりたいのかという、自分らしい生き方を実現していく過程であるキャリア発達を促すことは十分ではない。

　そこでタイトルの例として、少し長くはなるが、文章で「周りに良い影響を与えられる人間になる」を例示するなどの指導の工夫を行った。その結果、立志録で以下のようなタイトルが見られ、生き方と関連づけた自己の在り方や将来像を考えようという姿勢がみられたことは大きな成果といえよう。(明確に生き方まで言及している割合は、73.4%)

＜強い自己＞
・強い心をもった人間を目指して　・根性
・何事も自分の考えをもちそれを貫き通す
・自己管理のできる人間　　　・積極的で自立した人間になる
・責任と自覚をもって行動できる人間になる　・自分に自信をもつ
・人に甘えない頼られる人間になる　・計画性のある人になる
・自分にきびしい人間になる
・あたりまえのことができる強い人間になる
＜人間性＞
・「信頼される人」を目指して
・人の話によく耳を傾けて聞く人間になる

- 人を支えられる人間になる
- 責任感があり信頼できる人間になる
- 子どもに夢や感動を与えられる人間になる
- 人を助けられる優しい人間になる
- 人の気持ちを考えて行動できる人になる　・憧れる人になりたい
- 周りに良い影響を与えられる人間になる
- 沢山の人の手本となりまとめられる人になる
- 人の役に立ち社会に貢献できる人間になる
- 人の心がわかりおもいやりの心がもてる人間になる
- 人から信頼され、問題を解決していける人間になる　　　他

　立志録の作文は学級において読み合わせて、相互評価を実施した。その中から代表生徒8名が選出され、当日、壇上で発表した。
　以下に示すのは、パティシエになることを目標にしている生徒の作文である。そこには生き方と関連づけて将来の自己像を語る姿が見られた。

＜出会う人を幸せにできるような人間になる＞
私の夢、それはパティシエです。小学校高学年の頃決心しました。そのきっかけはケーキ屋さんで買った一つのショートケーキ。一口食べた瞬間、甘い味がふわっと広がってとても幸せになりました。それから私は「自分も人を幸せにできる職業につきたい」と思い、目指すことを決めました。その後、私は製菓関係の本を読んでみたり知り合いのケーキ屋さんや母に色々なことを聞いたりしました。そこでは「相手を幸せにするには、まずあなた自信が幸せになるべきよ」と言われました。さらに母には「技術も磨かなければいけないけれど、まずは内面を磨くことが夢への一歩につながると思うよ」と言われました。だから私は、まず人に笑顔で明るく挨拶するように心がけ、どんなことにも精一杯取り組む

ようにしました。今からでもやっていれば後で後悔しないし、一つ一つの事に手を抜いたりせず地道にやることが夢につながると思います。いつも笑顔で接客して買う人皆が幸せいっぱいになるようなおいしいケーキをつくるパティシエに私はなりたいです。

オ　参観した小学生の感想

　参観した小学生にその後の学級活動に於いて感想を書いてもらった。以下に示すのがその代表例である。第1に式における中学生の態度や合唱への感動がのべられ、中学生になると自分達もその様にしなくてはならないという具体的な中学生像に気づくことができた。その1ヶ月後に行われた小学校の卒業式や中学校の入学式に於いて、例年以上に一歩大人になり、儀式的な行事をきちんと行う姿勢がみられるなどの影響を与えた。

　第2には、中学生の生き方にまで言及した発表をきいて、自分らしい生き方をしていくことの重要性に気づいたことは、今後の発達上の課題の見通しが立ったと推察される。

　次に小学生の感想を中学生に返していった。後輩からどのような評価を得たのかを知ることで、先輩としての誇りも生まれ、入学後、形成される上下の人間関係形成に寄与していくこととなる。

＜中学生像への気づき＞
・歌声がすごいと思いました。卒業式であんな歌声をだせたらいいなと思いました。
・姿勢が良くて、頭が全然動いてなかったからすごいと思いました。
・自分の夢や目標がきまっていて、それをめざして頑張るというのが言えていたのでとてもかっこよかった。中学生になったら目標を決めて、

それをあきらめずに頑張っていきたい。・これからの将来のために夢を深く考えていきたい。・中1になるんだという気持ちをもって自覚していきたい。・中学生の態度は静かで堂々としていました。僕はついモジモジしてしまいます。中学校になったらああいう堂々とした態度も大切なんだなぁと思いました。

・自分の夢をきちんと相手に伝え、自分の思いをちゃんと述べているからすごかった。自分もこんなふうになるだなと心から思いました。よんでくれてありがとうございました。

＜キャリア発達への気づき＞

・心に残ったのは「パティシエ」と言った方の夢です。「スイーツで自分も他の人も幸せにしたい」とてもステキな夢だと思います。私も自分のしっかりした夢をもとうと思いました。・将来どんな人になりたいかをみんな具体的に書いていてあこがれました。

・作文の内容が全く違いました。書いてある意味も深く、とても素晴らしい内容でした。

・夢をかなえるために今できることをしたいなどとても良いことを書いていてさすがだなと思いました。

・僕たちみたいに、ただ野球が好きだから野球選手になりたいなどではなく、しっかりした理由と人を喜ばせたいなどの気持ちがとても分かり、しっかりした夢や目標をもっていてしっかりしているなと思いました。

・まわりは自分の夢が決まっている人が多くて不安だったけど、「はっきりした夢は決まっていないけど絵に関係する仕事につきたい」という話を聞いて、「今は、はっきりした夢を考えなくても、それと関係するお仕事で良いのかもしれない」と安心しました。ありがとうございました。

・「将来人の役に立つことをしたい」などの決意を聞いて自分もそういうことを将来したいと思いました。

> ・将来の夢をきいて思ったことは、ただ好きだからではなく理由や根きょを言ってすごいと思いました。
> ・発表がすごく心に残りました。自分にあてはまるようでした。自分も人にやさしくなれるような人になりたいと思いました。
> ・一番感動したのは、まだ正確には決まっていないけどそれを目指す決意があって、その夢に向かって、ゆっくりだけど一歩一歩、歩んでいっている人でした。
> ・みんな夢はちがっていたけど、そのための努力や人との関わりが大切だと思いました。
> ・小学生とはちがって「人を幸せにする人になりたい」と言っていて、僕もそのような中学生になりたいと思いました。目標を見つけられてよかったです。

カ　課題

　福岡市においては、教育委員会の方針により、全ての小中学校において、立志式・1／2成人式が執りおこなわれている。そのカリキュラムは学校によって様々である。ここでは各学校のカリキュラム・マネジメント能力が問われることとなる。同時により一層の教育効果をあげる好機でもある。本実践研究においては、キャリア発達の育成ということを着眼点に実践を行い、一定の効果がみられることを明らかにした。

　今後、毎年実施される立志式・1／2成人式を、キャリア教育の観点からカリキュラムを工夫改善し、実践を積み上げていくことが課題である。

第3章　実践事例1

第4節　特別活動での実践事例

（1）Rの段階　（学校課題の明確化）

　中学校の特別活動は、学級活動、生徒会活動、学校行事からなっている。学習指導要領によれば、学校行事の目標は、「学校行事をとおして、望ましい人間関係を形成し、集団への所属感や連帯感を深め、公共の精神を養い、協力してよりより学校生活を築こうとする自主的、実践的な態度を育てる」（文部科学省、2008）[30]となっている。また、「異年齢集団による交流活動は、上級生としての自覚や責任、下級生としての役割などについて考えながら、生徒同士の密接なかかわりを通し、人間関係について気づいたり学んだりすることが多く、その教育効果もきわめて大きい」（文部科学省、2008）[30]としている。

　学校経営方針を年度当初に職員に説明するときに、本校の生徒が是非身につけて欲しいこととして、挨拶、掃除などの基本的な生活習慣とともに、学校行事などで団結して、自分の限界に挑戦すること、そして感動体験を味わうことで人間として成長する教育活動の充実に努めることを学校長のビジョンとして職員に提示した。とくに団結については、「チームB」をキーワードにしたいということを強調した。同時に全校集会などをとおして、生徒たちにも直接語りかけていくことになる。6月最初に実施される体育祭は、集団づくりとして絶好の機会である。3年生が最上級生としての自覚をもって、リーダーシップを発揮する。2、3年生には、1年生の手本となるよう指導をおこなった。1年生にとっては、入学して1月足らずで、上級生の姿に接し、中学校とは何か、目指すべき理想自己像を体験的に学んでいく好機である。

言い換えると発達の段階をステップアップするために春の体育祭は価値があるとも言えよう。

以下に学校経営方針の一部を示す。重点項目の「団結」「挑戦」「感動」の目標達成のために体育祭は重要な行事となっている。

5　本年度の重点事項
　B中学校スタンダード　　　あいさつ・掃除、団結、挑戦、感動
○あいさつ・掃除
・人間関係の始まり、コミュニケーションの広がりは挨拶から
・掃除は心を磨く　・掃除をとおして成長する
○団　結
・みんなで分かち合い、仲間の絆を実感する喜び　・同じ方向へ向かう強さ（チームB）　・友を理解し、思いやることの大切さ（相互理解）
・他の人のよさに気づき、認めること　・いじめや差別のない集団づくり
○挑　戦
・自分のよさを見つけること（自尊感情の育成）・立志（夢や希望）をもち目標に向かって努力することの大切さ
○感　動
・困難を乗り越えて味わう、成就感、達成感
・感動体験をとおしての自己成長

　生徒の実態からは、生徒同士の人間関係力がどうしても弱いことや感動体験の機会がなかなか与えられないことが課題として上がっていた。また授業時数の確保のため、行事の練習に費やす時間も削減傾向にある。そのような中、体育科が中心となり、全職員が協力体制を組んで取組ことができるかが大きな課題となって

いる。学校長としては基本方針を示した後は、体育科の教科主任を中心とするミドルリーダーの責任と達成を重視する分散型のリーダーシップが必要と考えた。特にこのような大きな行事では、細部まで細かく管理することは困難である。職員や生徒のモチベーションが高まるマネジメントが必要となる。

（2）Pの段階　（カリキュラム開発の組織的な取り組み）

体育的行事では、どうしても運動能力の優れたものが目立つ傾向がある。これでは、集団としての団結や一体感が生まれにくい。一人ひとりの意欲が高まるよう工夫していくことが全体のパワーアップとなる。

意欲的な活動を引き出すため、全員がリレーに参加できるよう新たなプログラムを入れることと、全校生徒を赤、青、黄の3ブロックに分けて、縦割り学年の集団でブロック対抗の形式をとる。その応援の演技を作り上げる活動を中心にカリキュラムの工夫を行った。具体的な視点は以下の通りである。

＜カリキュラム改善の視点＞

体育的な行事であるので、運動能力に差が見られる。運動能力に比較的自信のない生徒も達成感を感じとることができ、行事をとおして成長するよう以下の点で工夫改善を行った。

○全員がリレーのメンバーとなれるようにリレー競技種目を増やす工夫
・各学年に、学級対抗リレーを実施し、全員が最低1種目のリレーに出場できるようにする。
○異年齢集団としての活動を充実させ、好ましい人間関係力や社会性の育成を図る工夫

第4節　特別活動での実践事例

・生徒主体で、ブロック対抗の応援演技種目の企画委員を各学年からオーディション方式で選出し、応援の企画・指導を行うようにした。
・2・3年女子のダンス競技を、ダンスリーダーがダンスを創作し、他の生徒に指導するようにした。

　よりカリキュラムの効果を高めるため、生徒のリーダーを中心とする活動を仕組む。職員も協働体制で指導に当たれるよう、職員会議等で何度も議論を重ねコンセンサスを図っていった。基本的な職員と生徒の組織は、図8の通りである。

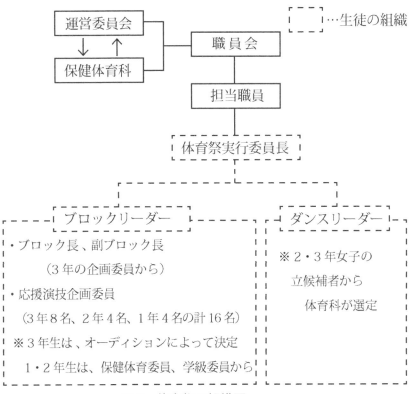

図8　体育祭の組織図

第3章 実践事例1

　中心となるのは、企画委員によるブロック演技の企画立案である。計画にあるように何度も企画会議を実施する。ここに多くの職員が関わることに留意した。放課後、残っている職員がブロックの企画会議に参加するよう呼びかけを毎日行い、教師集団の協働指導体制をつくっていった。

（3）Dの段階　（具体的カリキュラムの実施）

　次に体育祭の具体的なカリキュラムの概要を以下に示す。詳細については別途提案がなされる。

行事名	体育祭	体育的行事	校務分掌	全学年
行事の ねらい	○体育的な活動をとおして、運動の楽しさや喜びを味わい、主体的に運動やスポーツを生活の内容として実践していく態度を育てるとともに、気力・体力の向上を図る。 ○自主的・実践的な活動をとおして、所属感や連帯感を高め、楽しく秩序ある学校生活をおくる意志・能力・態度を育てる。 ○企画・運営に積極的に参加して、優れた校風を築く態度を育てる。			
実施時期	平成25年6月2日（日）		所要時間	1日
対象生徒	全校生徒		経費	なし
担　当	職員　全教職員 　　　（PTA役員）	生徒　実行委員長、 　　　全校生徒	利用する 施設設備	運動場　ア リーナ
	具体的方法・内容		留意点	
事前活動	・4月　体育祭実施計画の策定・提案（体育科） 　　　　実行委員長、ブロック長、ダンスリーダー選定 ・5月　体育祭の練習、企画委員の指導等の具体的準備 　　　　（詳細は、行事予定表等を参照）			

第4節　特別活動での実践事例

当日活動

1　プログラム
○開会式　1. 開会宣言　2. 入場行進　3. 校旗掲揚　4. 学校長挨拶
　　　　　5. 生徒会長の言葉　6. 競技場の注意　7. 選手宣誓　8. 準備体操
○競技プログラム　　　　　　　　　※は、新規種目

個人種目		リレー種目		集団種目	
	100m走		※1年学級R		1年学年種目
	800m走		※2年学級R		2年学年種目
	100m走		※3年学級R		3年学年種目
	200m走		4×100mR		ブロック演技
	野を越え山を越え		4×200mR		部活動紹介
	2人3脚		混合R		集団の美（1年）
			ブロック対抗R		組体操(2.3年男)
					創作ダンス(2.3年女)

○閉会式　1. 成績発表　2. 表彰　3. 学校長講評　4. 実行委員長の話
　　　　　5. 校歌合唱　6. 閉会宣言
2　出場規定　個人種目及びリレーは、それぞれ必ず一種目に出場すること
3　会場図

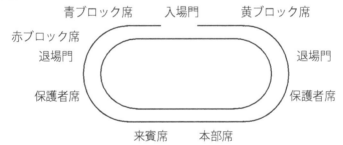

4　企画委員会の活動
・4月19日　企画委員候補　決意表明とオーディションの説明
・4月22日　オーディション（1人1分程度）決意を大きな声でハッキリと
・4月23日　企画委員会発足、ブロック長と副ブロック長の選出
・4月25日〜5月2日　企画委員会（ブロック演技の企画・企画書作成）
・5月8日　企画書印刷・製本　ブロック集会打ち合わせ
・5月9日　企画委員各クラスへ説明
　※ブロック練習日程　5月21日、23日、28日、29日、30日、1日
・5月29日　予行会　・5月30日　ブロック演技（お披露目）
・6月1日　体育祭準備

第3章　実践事例1

| 事後 | ○生徒に行事の振り返りをさせる。
○職員も行事反省をおこない、次年度に生かす。 |

　種目ごとの練習も体育の時間を中心に実施されていくが、ブロックごとの応援演技が重要な活動となる。本校では、写真1に示すように、マスゲームや応援歌などを取り入れた集団の美を競う応援演技としている。

写真1　ブロックの応援演技のマスゲーム

　応援演技は、各ブロックの企画委員が企画立案する。企画書の一部を図9に示す。

第4節　特別活動での実践事例

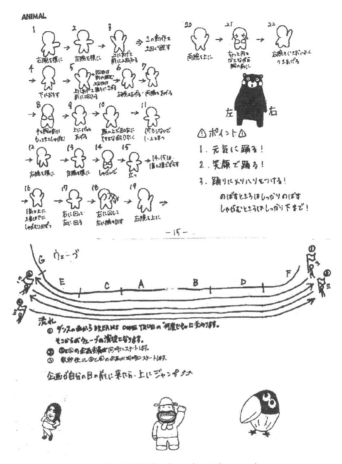

図9　企画委員作成の企画書の一部

　ここでは、生徒達の自主的な活動を基本としている。このメンバーは、立候補制を採用して生徒達の自主的な活動を引き出すようにしている。この企画書をもとに各ブロックのメンバーに企画委員が説明をしていく。応援演技の練習は、全て生徒達のリーダーによって進められる。このような活動をとおして、特別活動のねらいである自主的な集団活動の能力が育成されていく。

第3章　実践事例1

　体育祭の終了後にブロックの解団式が行われる。リーダーとフォロワーは、互いに感謝の言葉を述べ合う。リーダーは、感激の涙を流す、感動的な場面である。ともすれば、現代の子ども達から忘れられている、感動体験を共有することになる。これらのカリキュラムによって、学校教育目標である、「団結」「挑戦」「感動」の達成が感得される貴重な機会となる。学校行事は、カリキュラムの工夫により、多くの教育効果を生み出す絶好の好機である。しかし昨今、授業時数の確保のため行事に割く時間は、削減されており、いかに効率よく、効果的な行事を展開するかが、学校に課された課題となっている。

（4）C・Aの段階　（カリキュラムの評価と改善の実施）

　各学年から2クラス（計6クラス）に実施したアンケートの結果は表7のようになった。

　4点(よくあてはまる)、3点(ややあてはまる)、2点(ややあてはまらない)、1点(全くあてはまらない)の4件法で実施した。

表7　アンケートの結果

		平均値
①	友達との友情が深まった	3.6
②	自分が成長したと感じた	3.3
③	学校行事は楽しい	3.7
④	一生懸命やったという達成感を感じた	3.8
⑤	体育祭に感動した	3.6
⑥	A中のパワーアップができた	3.3
⑦	ブロックで他の学年の人と一体感を感じた	3.5
⑧	自分自身の限界に挑戦できた	3.3
⑨	自分に自信が持てた	3.0
⑩	学級の団結がはかれた	3.7

（数値は評価平均値）

第4節　特別活動での実践事例

次に、生徒の自由記述の感想を示す。

＜3年生＞
・協力することの大切さを知りました。体育祭が成功したことは色々な人々のおかげなので感謝します。最後の体育祭、学年や男女関係なく団結して楽しかったです。
・中学校最後の体育祭がみんな笑顔で感動できて本当に良かったです。
・友情が深まったし3年、2年、1年も仲良くなれたと思います。
・自分自身の限界を超えたと思います。・自分の成長を実感することができた。団結力と達成感をとても感じた。最高だった。
・1年生から3年生までみんな仲良くなれた。すごく感動した。みんなレベルが高いことするなーと思った。・みんなが一生懸命練習して勝ち負け関係なく、どのブロックも笑顔で終われることができたのでよかった。
・企画委員がしっかり指示してくれてブロックをまとめていたことがすごいと思いました。・スローガンにあったとおり常に全力で挑戦できた。
・自分の成長だけでなくクラス・学年それぞれ成長したと思う。・本当に今までで一番思い出に残る体育祭となりました。一生懸命やると良いことがあるということを実感しました。・一人一人がとても一生懸命で私も頑張れました。団結、協力というものは、こんなにすばらしいのだと思い、とっても感動しました。

＜1・2年生＞
今回、全体を引っ張っている人たちを見て、私もなにかで引っ張れたらなと思いました。・来年の体育祭が楽しみです。・始めて中学校で体育祭をして、クラスで団結できたし、自分の限界に挑戦できて良かった。とても良い体育祭だと思いました。
・企画委員でとても楽しくできたので、また来年もしたいと思いました。
・3年生の涙に感動しました。・体育祭がこんなに楽しいものとは思っていませんでした。

第3章　実践事例1

・先ぱいが、引っ張ってくれたり応援してくれたので成功したと思います。
・雨の中だったけどみんなで団結できた。・応援という言葉の力はとても大切なことが分かった。・来年は新一年生を引っ張っていけるようにしたいです。
・体育祭で協力ということを学べたので嬉しいです。・賞やカップ何ももらえなかったけどもっと大切な友情や思いやる心を手に入れたと思います。
・体育祭は友情や自分の成長などに大きくかかわっているものだと思った。
・組体操が一番迫力があり感動しました。・ブロックを応援することで相手も頑張ろうと思え、その人が頑張ったら応援した人も同じ喜びがもらえたいい体育祭でした。
・中学校初の全校での行事で初めは何をしていいか分からなかったけど最後には先輩達と計画を立てたりみんなに指示ができるようになって良かったです。・中学校の体育祭はほとんどが生徒が計画してやるのでリレーなどとてもどきどきして楽しかったです。
・来年の体育祭は今年の体育祭よりよりよいものを作り上げていきたいです。
・集団行動は最初よりよくなっていたので努力することは大切だなと感じました。
・来年は係の仕事をしたいです。・ブロック長、副ブロック長、企画委員の人たちのおかげで体育祭ができたと思います。みなさんありがとうございました。
・来年も楽しい体育祭にしたいです。・負けて悔しかったけどみんなと一丸となって体育祭に参加できたことがとても嬉しかった。
・優勝はできなかったけどとても楽しかったです。来年は自分ができることはしっかりとりくみ大きな声を出して頑張りたいです。
・今度は絶対優勝したいです。・来年も今年学んだことを生かしてみんなで団結したいです。・次の合唱コンクールではもっと団結できるようにしたい。

第4節　特別活動での実践事例

初めて体育祭を体験した1年生の保護者の感想を次に示す。

- 中学校での初めての体育祭、みんなで力を合わせて頑張っている様子が見られました。
- ブロック演技、集団の美は感動しました。・みんなで飛び跳ねて喜んでいる姿がとても可愛らしく、一生懸命頑張った様子が見て取れました。
- 全体的にどの学年のお子さんも笑顔でゴールしている姿がとても印象的でした。
- 集団の美では、見ていて気持ちがいいくらいきれいでした。子どもたちの頑張っている姿に感動でした。
- 小学校の運動会と違って「勝つ」ことに意義があり、それが見ている私たちにもとても新鮮でしたが、本人はより強くそれを楽しんでいる様子でした。
- 200M走で1番になれたことは、これからの中学生活に大きく影響すると思います。
- しっかり頼もしい2、3年生にまざると幼いなと感じています。
- 少しずつ縦社会を知っていく様子をみてほほえましく感じます。
- 帰ってきたときはとても充実したいい表情をしていました。
- ふざけることもなく真面目な表情で取り組んでいたのが印象的でうれしかったです。

　小学生から2ヶ月足らずで、中学生らしくなった様子を見て、親としても我が子の成長を感じている。5月末に実施することで、1年生に劇的な変容を保護者に見せることができる。体育祭はほぼ全員の保護者が参観に来る。全員がリレーに参加できることで、我が子の出番が確認される。またブロック演技は、3学年の縦割

り集団の美である。2、3年生とともに活動する姿は、子どもの発達を期待させるものとなっている。1学年だけが毎年実施する本校の伝統種目である「集団の美」は、学年全員が行進や整列を一糸乱れず行うものである。1年生は、この体育祭を経て、中学校での最初の発達課題を乗り越え、中学生らしく成長する。この時期に体育祭という行事を実施することは、各学年の生徒の発達を促進する上で効果的である。その様子を保護者が目にすることで中学校への信頼もうまれる。大きな行事のカリキュラム・マネジメントは重要な役割を果たす。表8、表9は、全国学力・学習状況調査の経年変化である。

表8　全国学力・学習調査の生活実態調査

質問項目	ものごとを最後までやりとげて、うれしかったことがありますか			
	1	2	3	4
平成24年度	67.1	21.8	10.0	1.2
平成25年度	73.7	20.4	3.9	2.0
平成26年度	75.9	20.5	5.0	0.6

（1：当てはまる　2：どちらかといえば当てはまる　3：どちらかといえば当てはまらない　4：当てはまらない）

　物事を最後までやり遂げた達成感の経験がアンケート結果からも伺える。いろいろな生活場面があるが、体育祭などの学校行事は、達成感や感動体験としてはっきり記憶されている。高校入試前の面接指導場面において、中学校生活での思い出を聞くと、多くの生徒が、体育祭での体験を取り上げていた。

表9　　全国学力・学習調査の生活実態調査

質問項目	自分には、よいところがあると思いますか			
	1	2	3	4
平成24年度	17.1	50.0	25.3	7.6
平成25年度	27.0	42.1	22.4	8.6
平成26年度	23.5	50.6	21.7	4.2

（1：当てはまる　2：どちらかといえば当てはまる　3：どちらかといえば当てはまらない　4：当てはまらない）

　表9は、自尊感情の項目である。発達段階から自尊感情は低くなりがちである。その中で、7割以上の生徒たちが、自分のよさに気づく自己評価を出していることは評価できる。
　すべての生徒が自己実現を図れる場である、学校行事などの工夫改善が、自尊感情の育成にも影響していることが推測される。今後とも一人一人が活躍できるという視点から、カリキュラムの工夫改善を加えていくことが求められるであろう。

第5節　幼稚園と連携した教科指導の実践事例

(1) Rの段階　(学校課題の明確化)

　今回の学習指導要領（技術・家庭科）において幼児とふれあう活動が重視された。学習指導要領（文部科学省、2008)[31]によると、幼児の生活と家族について、「幼児と触れ合うなどの活動を通して、幼児への関心を深め、かかわり方を工夫できること」とあり、内容の取り扱いで「幼稚園や保育所等の幼児と触れ合いができるよう留意すること」とされている。このように学習指導要領に体験活動が留意事項として示されていることや本校の生徒の実態か

ら、幼児と触れ合うことで生徒達に思いやりの心情などを育成することは価値があり、この体験活動の導入の必要性を感じていた。また学校教育目標の基調である「開かれた学校づくりをとおして生徒一人ひとりの可能性を伸ばし、自ら学び心豊かにたくましく生きる力を身につけた生徒の育成に努める」観点からも校区内の幼稚園での触れ合い活動は、大変有意義である。

しかし、本校の学校規模では、家庭科の教員定数は1名であり、教科部会でプランを練り上げることは難しい。そこで、学校長として積極的な関与が必要になると考えられる。

(2) Pの段階 （カリキュラム開発の組織的な取り組み）

今年赴任してきた家庭科の教員に校区内のH幼稚園訪問をカリキュラムに入れるよう提案した。まず変革的なリーダーシップにたち、幼稚園園長に交渉に出向き快諾をえた。中学校での家庭科の教科学習の中で、家庭科の教員の指導の下で、班編成や具体的なカリキュラムづくりを進めた。昨年実施したカリキュラムに、安全面での配慮等を加えて改善を図った。班活動を仕組んだので生徒達は活発な活動を展開した。昨年までの反省を踏まえ、事前に家庭科の教諭が幼稚園に出向き、生徒が立案した具体的なカリキュラムの検討会を実施した。そこでは園児の実態に即してカリキュラムの修正や付加が行われた。その結果を再度学校に持ち帰り、授業の中でカリキュラムが練り上げられていった。ここでは分散型のリーダーシップで教員のアイディアが引き出されるよう心がけた。

筆者もこの打合会に同席し、幼稚園の教諭と家庭科の教諭が協働して具体的なカリキュラムづくりが行われる様子を観察した。

第5節 幼稚園と連携した教科指導の実践事例

　特に発達段階を踏まえ、年中クラスか年長クラスかによって園児ができることがかなり異なる点や園児が興味・関心を示す内容が異なるなど、具体的な園児の状況等を踏まえてカリキュラムが練り上げられていった。このように事前協議が十分できたことで、効果的なカリキュラムが実施できたといえる。

　幼稚園においては、教科書はなく、日常的に担当者の細かな打ち合わせが実施されてカリキュラムづくりが行われている。H幼稚園では、幼稚園教育要領に基づき、年間の指導計画を立案している。具体的な細案は、教務担当と年次の主任による打合会が毎月実施されている。さらに実施の前には主任を中心に年次の担任で細案が立案され、教育活動が展開されている。幼稚園は、園児が帰る時間も１４時すぎと早いので、放課後の時間を使って綿密な準備が行われている。また発達段階からして十分な教材の準備をしないと園児の興味・関心を引き出すことができないことも要因として推測される。この過程は逐次、園長に報告、相談、指導がされており、幼稚園においては、園長は、教授的リーダーシップに立つことが多く、当日も各教室で細やかな気配りをしていた。

　以下に中学校における、今回の幼稚園訪問の件で、運営委員会や職員会議に提案された内容を示す。

行事名	幼稚園訪問	区分	家庭科「幼児と触れ合う活動」	係名	家庭科
行事のねらい	○幼児に関心をもち、適切にかかわることができる。 ○自分の課題をもって、幼児の発達の状況に応じた関わり方を工夫し実践することができる。 ○実際に幼稚園を訪問し、生徒一人ひとりが自分の幼児期を振り返り、成長に関わった人々に感謝の気持ちをもつことができる。				
実施時期	平成２６年１２月１１日（木）　３年１、２、５組 平成２６年１２月１２日（金）　３年３、４組			所要時間	１時間 ５０分

第3章　実践事例1

対象生徒	3学年生徒（150名）			経費	なし
担当職員	A教諭 （当日のみB教諭も）	担当生徒	教科リーダー・ 各班班長	使用施設	H幼稚園

	具体的方法・内容及び留意点		
事前活動	① 家庭科の授業での幼児の特徴の学習 ② 幼稚園への依頼 ③ 幼稚園との打ち合わせ ④ 時間割調整 ⑤ 運営委員会、職員会提案 ⑥ 教育委員会書類提出 ⑦ 各学級のグループ分け・生徒名簿の作成 ⑧ 家庭科の授業での事前指導（目的・安全・お礼の言葉を含む）		
当日の活動	朝の会 9：55 10：05 ：10 ：20 ：50 11：25 ：30 ：35 ：45	出席確認、健康観察 男子は奇数教室、女子は偶数教室で体操服に着替える ※5組女子は学習室で着替える 必要なものをもって下靴に履き替え、アリーナ前に整列し、簡単な確認を行う 1列に並んで幼稚園に向かう 幼稚園到着後、点呼、生徒代表あいさつ 園長先生の話 施設見学 幼稚園で幼児や先生と関わる（観察含） 活動終了、グループごとにあいさつ 生徒代表お礼の言葉 H幼稚園出発 中学校到着点呼 多目的ホールでレポートの配布、説明を行う	○クラス・班ごと2列で整列 ○交通ルール、園でのマナーなどを確認する ○安全に留意する ○活動のねらいや生徒の目標が達成できているかのチェックや助言をする ○交通ルールを守らせる ○クラス・班ごと2列で整列
事後活動	○H幼稚園へお礼 ○レポート作成、授業でのまとめ		

第5節　幼稚園と連携した教科指導の実践事例

（3）Dの段階　（具体的カリキュラムの実施）

　学年の生徒を2日間に分けて、技術科の教員に引率の応援を頼むことにした。そのため校内の時間割を変更するなど学校全体の協力体制が必要となった。H幼稚園は、学校から歩いて5分程度の近距離にあることも選定の重要な要件となっている。到着するとまず全体で挨拶をして、事前に打ち合わせた園児と生徒のグループに分かれた。生徒のリードにより遊び学習が実施された。以下に生徒達が考えた遊びのカリキュラム一覧を示す。自らの経験をもとに安全などに配慮した準備が、家庭科の授業をつかってなされた。具体的な準備物などを幼稚園側が事前に用意して頂いたことや幼稚園の先生が適宜、グループの指導に入ったことで遊びは円滑に進んだ。最後は、ステージ上のダンスが巧みな中学生に合わせて、全員で「ようかいウォッチ体操」を踊って楽しい一時を過ごすことができた。男子の中には、最初緊張が見られたが、次第に打ち解ける姿が見られた。帰るときは、ハイタッチを交わす姿が見られるなど、有意義な体験が行われた。これも入念なカリキュラムの準備が、生徒や中学校と幼稚園の教師によってなされたことが大きいと考えられる。写真2は、園児と折り紙をして遊ぶ生徒の様子である。

写真2　園児と遊ぶ生徒

生徒が企画したカリキュラムの例
・トランプ（じじぬき）・虹色アート・いすとりゲーム（だるまさん）・折り紙と画用紙を使用したお絵かき・絵本を使った劇・なぞなぞ・読み聞かせ・トランプ（ばばぬき）・はないちもんめ、ハンカチおとし・手品、お絵かき・折り紙・クイズ・ようかいウォッチシルエットクイズ・塗り絵・積み木・手品、一発ギャグ、ものまね・だるまさんの一日、じゃんけん列車・折り紙・とんとん相撲・だるまさんが転んだ

（4）C・Aの段階 （カリキュラムの評価と改善の実施）

　事後の家庭科の授業においてアンケートを実施した。質問項目は、10項目とし、4件法（4：よくあてはまる3：ややあてはまる2：ややあてはまらない1：全くあてはまらない）による回答方式とした。表10に、単純集計結果の平均値と因子分析（主因子法）の結果を示した。

表10 アンケートの因子分析及び単純集計結果

N＝148

	第1因子 自尊感情の萌芽	平均値
（バリマックス回転後の因子負荷量）		
①園児と触れ合うことは楽しかった	0.536	3.9
②準備したものを園児に楽しんでもらえてよかった	0.081	3.8
③日頃と違う自分を発見できた	0.765	3.1
④園児と触れ合ったことは将来の役に立つと思う	0.554	3.7
⑤園児と触れ合うことで素直な気持ちになった	0.596	3.5
⑥童心に帰ることができた	0.258	3.3
⑦自分の子ども時代を思い出した	0.254	3.4
⑧自分自身のよさに気づくことができた	0.764	2.7
⑨園児の接し方に苦労した	0.058	2.8
⑩心の交流が図れてよかった	0.535	3.5
固有値（固有値が1以上の因子を抽出）	2.941	
寄与率	67.7%	

固有値が1以上の因子は1つしか検出されなかった。この因子は、日頃体験しない、幼い純真な幼児との触れ合いを通して、日常の自分とは異なる、あらたな自分のよさの発見を経験したと考えられるので「自尊感情の萌芽」と位置づけた。幼児とのコミュニケーションや自分が準備した遊びをとおして、新たな自分に向き合えたと推測される。

次に、生徒の自由記述の感想から考察を進める。

＜感謝したい＞
・みんな小さい頃があって自分もここまで成長したんだなと思った。・今までにどれだけたくさんの人に支えられながら生きてきたんだなと思った。・これまでの成長に関わってきた人に感謝したい。・自分もあんな時代があって、私達がお世話したみたいにされていたんだと思うと、本当に感謝を忘れたらダメだなと思いました。・小さい頃のことはあまり覚えてないけど、今までに先生とか親とか色々な人に支えられて育ってきたことが分かりました。・このような機会をもうけてくださったことに感謝したいです。

＜成長を実感＞
・自分も大きくなったんだなとあらためて思った。・自分を振り返ることがしっかりできた。・自分も小さい頃はあんなふうだったのかなと思った。・自分の成長を振りかえるよい機会になった。・自分はだいぶ成長したなと思いました。これから今の自分よりもっと成長できるように頑張りたい。・僕は幼児の時は本当に悪ガキで人の気持ちを考えられない子でした。僕も成長するにつれて人の気持ちを少しは考えられるようになりました。・今までの成長は沢山の人が私を支えてくださっているんだなと改めて気づくことができた。

＜園児達は＞
・なぞなぞしていたらとても頭がやわらかいなと知った。・絵がとても上手でびっくりしました。「～ですか」など敬語をちゃんと使っていて感動しました。・ハイタッチなど元気よくしてくれてうれしかったです。逆に私達が楽しませてもらいました。・1人1人が違っていて、性格にあった対応の仕方が難しく感じました。・幼児はこんなにも自分の感情を表に出すことを初めて知りました。

＜楽しかった＞
・楽しかった。最後は、ギューッてしてくれて、手を振ってくれてかわいかった。・前日はキャラクターの絵を描く練習をしました。喜んでくれたときはとても嬉しかった。・最近、勉強づけだったからこうゆう機会があって心がいやされた。・今の時代の子ども達もたくさん笑うんだなって嬉しくなりました。子ども達の笑顔を守りたいと感じました。・一緒に遊んでいて笑顔で笑ってくるのがとても嬉しかった。今回の体験は自分にとっていいものになった。・最初は子どもが苦手で「どうしよう、どうしよう」と思っていましたが、実際に触れ合ってみると幼児の考え方が分かってきて、接し方も一緒に遊んでいけばいくほど子どもになれて、子どもが少し好きになった様です。今回の実習は僕にとってとてもよかったです。・今までは幼児とあまり接していなかったが、この機会をきっかけにもっと幼児と接したくなった。・マジックをして成功するととても驚いてくれたり、感性が豊かだなと思って、幼児達を見ているだけでもとても楽しかった。

　幼児との触れ合いによって、自分の成長が感じられ、今まで関わってくれた人達への感謝の気づきは貴重である。自分の幼児時代と重ね合わせることで現在の自己成長を感じたのであろう。こ

のように幼児との触れ合い体験を希望参加ではなく、必修授業の一貫として全ての生徒に体験させるこのプログラムは価値があると結論づけることができる。このような体験が将来、子育て世代になったときに貴重な経験になるであろう。少子化対策の施策として、有効な側面をもつカリキュラムであると言えよう。課題としては、適切な受け入れ先の確保と効果的なカリキュラム開発である。家庭科の教員だけでは負担感があり、スクールリーダーのマネジメント力が必要とされる学習領域であるといえよう。

第6節 学力向上に向けた実践事例

(1) Rの段階 (学校課題の明確化)

　学力向上は、学校に課された最大のミッションの一つであるとともに、子どもや保護者の最大の願いともいえよう。これからの社会は変化に富んだ多様な社会であるとともに、知識基盤社会であるといわれている。このような社会でたくましく生きていくには、学力は必要条件であるといえる。当然学力に加えて、十分条件としての人間力が必要であることはいうまでもない。

　例えば、非行行為やいじめ問題などの生徒指導上の諸問題が多発する学校においては、特定の生徒が授業妨害をするなどして、教師も子どもも授業に集中できない。当然、授業改善は困難であり、子どもの学力も伸長しない。逆に、落ち着いた教育環境において、学校生活が送れている学校においては、教師も子どもも授業に集中することができ、学力が向上してくる。平均学力が伸びている学校は、様々な面において、教育効果が上がっているということもできるのである。つまり平均学力の変化は、学校改善効果を表す成果指標としての機能も併せ持つのである。同時に保護

者や地域社会が学校を評価するときの重要な指標ともなっている。全国学力・学習状況調査の結果の公表をめぐるさまざまなトラブルは、このような背景に基づいていると思われる。

本節では、学力向上を目指したカリキュラム・マネジメントの複数年にわたる取り組みを、アクションリサーチの立場から整理していく。

(2) Pの段階　(カリキュラム開発の組織的な取り組み)
ア　前年度の総括を踏まえた研修テーマの設定

前年度まで言語活動の充実を切り口とした学力向上に取り組んできた。年度末の研修会において、一定の成果はみられるものの、生徒の実態からすると、言語活動の充実の基礎・基本となる学習規律や学習習慣がまだまだ十分ではないとの指摘がされた。これらの反省をふまえ、年度当初の研修委員会において、研修テーマが議論された。

校長として新たな戦略づくりのため、若手教員を研修委員長に指名する人事マネジメントを実施した。これは、本校の教員の人事配置が、50代の教員と20代の教員におおむね2分される現状を鑑みて、若手教員を研修主任や生徒会係や人権教育、生徒指導という実働に多くの時間やエネルギーを必要とするポジションにつけるという人事戦略に基づいている。各校務分掌組織に若手とベテランの教員を配置することで、OJTにより若手を起用して育てながら学校改善を推進していく、学校経営ビジョンを立てた。

学力向上のカリキュラム・マネジメントの中核組織となるのが校内の研修委員会である。構成メンバーは、校長、教頭、主幹教諭、各学年所属の3名の研修委員（内、代表が研修委員長）である。

ここでは、教頭、主幹教諭のミドルリーダーを中心に若い研究主任を育成しながら、校内研修をリードしていくマネジメントを実施した。学校長として変革的リーダーシップにたち、トップダウンで、学習規律・学習習慣の確立という学力向上の第１歩から再スタートを切った。しかし、具体的な進行管理は、ミドルリーダーを中心とする分散型のリーダーシップで推進した。特に研修領域では、教員一人一人の参画意識や互いに知恵を出し合いながら研鑽を積み重ねることが不可欠であると考えた。月に１回を基本とする校内研修会においても、全体会と分散会を有機的に取り入れていくスタイルになっているのでリーダーシップをそれぞれの成員に分有させ、自律的な組織づくりに取り組んだ。
　このように、従前の流れを大きく変えるときは、スクール・リーダーのリーダーシップなくしては実現できない。しかし、職員の意識や生徒の実態から乖離していれば、学校全体のベクトルはなかなか一つとならず組織的な取り組みに発展しない。年度末研修会の総括から出た職員の意見やアイディアを生かす方向でビジョンを立てることが重要となる。組織がスタートしてからは、分散的なリーダーシップの立場に立つことが肝要である。そうすることで成員の参画意識に基づく組織的な取組がスタートするのである。
　具体的には、研修テーマである「確かな学力を身につけた生徒の育成〜学習規律の定着を中心に〜」の具現化のため、教師からの一方的な指導に陥らないよう、生徒の自主的な活動を展開する生徒会活動の充実を図った。学力向上の基盤は、学級の人間関係であるとの観点から、学級活動の充実も期すようにした。学級力の客観的な指標であるＱ－Ｕテストを生徒指導委員会が中心となって実施をしていたが、この業務を研修委員会に移管させた。

学習規律の確立に際しては、教師からの一方的で強権的な指導に陥らないよう、生徒会による自主的・実践的な活動を積極的に取り入れるように留意した。研修委員長に起用した教員は過去2年間生徒会の担当をしており、本年度も研修と生徒会の分掌を兼務するようにした。このように校内人事構想は、カリキュラム・マネジメントの成否に大きな影響を与える。この意味からも校内人事の決定権をもつ学校長にカリキュラム・マネジメント力が求められるといえるであろう。

基本的な研修の年間計画の柱を次の図10のように構想した。

テーマ：確かな学力を身につけた生徒の育成 ～学習規律の定着を中心に～			
月	学びの基盤としての学級集団	自主的・実践的な学習規律	授業公開
4	学級づくりのスタート		テーマを受けて
5			
6	Q-Uアンケート実施	学習規律の確認（状況・対策）	
7	結果分析・対策（事例検討会）	修正	
8			
9	結果に基づく学級改善の取り組み		
10	HyperQ-Uアンケート実施		校内授業研究（反省・対策）
11	結果分析・対策		
12	（事例検討会）		
1		学習規律の確認（状況・対策）	
2			
3	来年度に向けて	来年度に向けて	来年度に向けて

図10　研修計画の柱

（3）Dの段階　（具体的カリキュラムの実施）
ア　学びの基盤としての学級集団づくり

　自主的、実践的な態度の育成は特別活動の根幹をなすところである。これを日常的に育成する生徒の組織が学級であり、それぞれの班である。班編制には2通りの方法がある。生活班といわれる人間関係を中心として組織する方法と係班といわれる係の活動を単位として編成する方法である。本実践では、係班として編成をしているのでその例によるものとする。生徒会の専門委員会とリンクした学級の下部組織として6つの機能別の係班をつくり、班員を決めていく。本人の希望を重視しながら、係の仕事と人間関係を調整していく。学級担任として腕の見せ所である。班づくりをスタートして望ましい集団づくりが始まる。特に学力向上においては、学習委員と図書文化委員の係りが教科連絡やチャイム席、忘れ物検査、始業前の黙想号令などの重要な役割を果たしていく。各クラスの委員は専門委員として学校全体の生徒会組織へとつながっている。それを中心となってリードするのが生徒会の役員会である。以下の図11は、1年生の学級組織の例である。

第3章　実践事例1

1年1組	係の仕事内容	学習	整美	図文	保体	生活	給食	学級委員
	○班長	女子1	男子4	女子7	女子10	女子13	女子15	男子14
	●専門委員	男子1	男子5	男子7	男子10	男子12	男子15	女子6
	○班長の仕事 ・班のお世話 ・班の出欠確認 ・班員の健康観察 ・提出物集め ・配布物 ・班会議の司会 ・清掃や目標の反省	女子1 ①教科全般の指導 ②チャイム席指導 ③1,5校の33名の感想会令 ④学習全般の指導	男子4 ①清掃全般の指導 ②ワックス塗布 ③整美活動 ④ロッカーの整理 ⑤清掃時相談	女子7 ①読書の指導 ②図書館指導 ③新聞発行	男子10 ①体育全般の指導 ②体育の教科連絡 ③昼休みのボール貸し出し	女子13 ①生活点検・指導 ②あいさつ当番	男子15 ①給食全般の指導 ②給食当番指導 ③分担分析 ④エプロン指導 ⑤食事のあいさつ	学級委員(中央専門委員)の仕事 ①学級の指導全般 ②授業時の号令 ③週行事の引継 ④週行事の記入 ⑤日目標連絡と連絡 ⑥学級配布物を取りに行く
	●専門委員の仕事	女子2 ①チャイム席指導 ②忘れ物検査と指導	男子6 ①クリーナー満捕 ②班のかご整理	男子8 ①コショーの管理・補充 ②新聞作成	全員 ①環境観察の記録 ②病人の連絡・世話	女子14 ①掲示板の管理	女子16 ①手洗い指導 ②給食時のチャイム席 ③ナプキン点検	①朝、帰りの会の司会 ②夏休みの教室清掃 ③学級日誌の記入
	○教科係 ・その日の昼休みまでに教科連絡を行い、青面黒板に記入する。 ・帰りの会で、運絡を行う。 ・授業前(10分休み)に教科担任の先生の所へ行き、指示を受ける。	女子3 ①チャイム席指導 ②忘れ物検査と指導	女子5 ①清掃員の管理(やり) ②花のかご整理	女子9 ①放送を聴かせる ②新聞作成	男子11 ①止板コール	男子13 ①環境最新の管理	男子16 ①エプロンの管理	①授業の黒板消し ②帰りの会のチャイム席指導
		男子2 ①チャイム席指導 ②忘れ物検査と指導	女子6 ①清掃員の管理(やり) ②花のかご整理	女子9 ①放送を聞かせる ②新聞作成	女子12 ①身だしなみのチェック ②教室の換気	男子14 ①生活点検	女子16 ①配膳台の指導 ②配膳台の整備	①朝、帰りの会の司会 ②整列の指導 ③配膳台の整備 ④配膳台の整備 ⑤整列の指導 ⑥めがねできめる
		男子3 ①遅刻検査・指導	男子8 ①清掃員の管理(やり)	男子8 ①放送を聞かせるのチェック ②教室の換気	男子1 ①身だしなみのチェック ②教室の換気	男子12 ①生活点検		
国語		女子13	男子6	女子1	男子10	女子16	男子16	
数学		女子4	男子5	女子2	女子10	女子17	男子11	
英語		男子2	男子6	男子14	男子13	女子12	女子5	女子14
家庭		女子15	女子8	男子8	男子1	女子11	女子7	女子3

図11　学級組織表

一人一役を基本として、学級での仕事を割り当てる。生徒会の専門委員会での話し合いをうけて、日常の活動提案と点検が重要な活動となる。学級での点検シートが、生徒会で集約され、その集計結果が廊下等に掲示される。この点検活動が円滑に実施されることで、規範意識が育成されて、いわゆる正義が通る集団となる。正しいことが正しいと言えたり行えることが、望ましい集団へと変容していくときの着眼点となる。教師からの一方的な働きかけではなく、生徒同士の相互作用によって望ましい学級風土を形成することが重要である。このようにして形成された組織は、自律的であり、自主性に富んでいる。日頃、目立たない生徒が、自分の役目を意欲的に果たすことにより自己存在感が養われていく。一人一人がどこかでリーダーや主役となれるよう学級担任として配慮することが必要となる。人は周りから必要とされたり認められることにより、自己存在感が高まっていく。この日頃の生徒の様子は、学級担任としてしっかり把握しておき、家庭訪問等で保護者に伝えることで担任の信頼も高まる。併せて、各学級活動は学級集団づくりとしての役割もある。それが日直や週直という日替わりの学級のお世話係である。集団のまとめ役は班長となる。班長が専門委員を兼ねることもあるが、負担を考慮して別の生徒にして組織作りをしている。学級の人間関係に於いて問題が発生したとき班長会を開き、生徒達に改善策を考えさせることも望ましい集団をつくっていく上で不可欠な活動となる。

　学級成員の間で、互いに「よさ」を発見することは、人間関係づくりに有効に作用する。生徒会の総務委員会の中からの発案で、各学級で、週に1回、帰りの会の時に、クラスの友達の「よい行い」について発表する取組を全校で実施している。具体的には、学級

第3章　実践事例1

委員の司会で、みんなの意見をまとめ、クラスごとに準備されている「ナイスなノート」に記録していく。毎月の中央専門委員会にもっていき、生徒会総務がセレクトして生徒会新聞で具体的な「よい行い」を発表している。以下に一例を示す。

＜1年生＞
・避難訓練で転びそうな人を助けた。・数学のワークの分からないところを教えてくれた。・できない人の代わりに週直の仕事をしてくれた。・ガンバプリントの丸付けを手伝ってくれた。・具合が悪い人を保健室に連れて行った。・体調の悪い人がいた時、すぐに先生に報告していた。・教室掃除ではないのに教室のバケツの水替えをしていた。・リサイクルボックスをきれいにしていた。・休みの人の分の給食当番をするときにマスクを貸してくれた。

＜2年生＞
・誰かが放っていたパンを拾っていた。・代わりに提出物の回収をしてくれた。・こぼした給食を当番でないのに片付けを手伝ってくれた。・トイレの電気がついていたときに、気づいて消していた。・おなかが痛いときに掃除当番を代わってくれた。・給食当番の手伝いをしてくれた。・教科の分からないところを教えてくれた。・バケツのこぼれた水を拭いてくれた。・体育のカードをもってきてくれた。

＜3年生＞
・いつも率先してナイスな事を発言してくれる。・係でないのに帰りの掃除をしてくれた。・帰りの会の司会を代わりにしてくれた。・持久走の時背中を押してくれた。・黒板消しの手伝いをしてくれた。・ゴミを拾っていた。・骨折した人を手伝っていた。・保健室まで付き添ってくれた。

このような、周りの友人から「よさ」を発見する取り組みは、自己の存在感や自尊感情の育成に重要な糧となる。周りからの指摘は、より確かな自己認識へとなっていく。互いの「よさ」を認め合う活動は、学級の中で特に育てたいものである。これが学級での適応を果たすことになる。

イ　自主的・実践的な学習規律の確立

　学習の仕方については入学直後から指導している。しかし学校全体で徹底を図ることが十分できていないのが現状である。そこで従前指導してきたことを研修委員会でまとめて、全職員に提案していくことにした。図12に示すように、学習規律や学習習慣の確立を「準備」「態度」「環境」「家庭学習」から具体化を図った。学びのスタンダードとして、職員と生徒に周知を図り、教室や玄関などに掲示した。定着を図るには、日常の指導のありかたを示すことが大切である。スローガンを具体的な行動規準として明らかにすることである。併せて教師の具体的な指導と生徒会活動の具体を示した。

学びのスタンダード

準備
・学習用具を整え、チャイム席を守ろう。
・教科連絡を確実に行い、学びの準備をしよう。

態度
・始めと終わりのあいさつを元気にしよう。
・授業に集中し、積極的に授業に臨もう。

環境
・教室内や家庭の学びの環境を整えよう。

家庭学習
・毎日の予習・復習に取り組もう。
・課題や提出物は期限を守ろう。

図12-1　学びのスタンダード（掲示用）

第3章　実践事例1

	学びのスタンダード	教師留意点	生徒の仕事
準備	学習用具を整え、チャイム席を守ろう。	準備タイムの間で、学習道具を机上に置き、チャイムが鳴り始める前に席に着かせておく。	チャイム席チェックは、学習委員が行う。
		授業の前には、1分間黙想をさせる。	黙想のチェックは、学習委員が行う。
		忘れ物があった場合、必ず教師に報告にくるようにさせる。	忘れ物チェックは、学習委員が行う。
	教科連絡を確実に行い、学びの準備をしよう。	教科連絡は、前日の昼休みまでに行なわせ、帰りの会で連絡ノート（生活の記録）に記入させる。	教科連絡係が行う。
態度	始めと終わりのあいさつを元気にしよう。	起立、気をつけ、礼、着席を言わせ、全体は大きな声で、椅子を入れて挨拶させる。不十分と感じた場合はやり直しをさせる。	号令は、学級委員が行う。
	授業に集中し、積極的に授業に臨もう。	居眠りをしたら起こし、姿勢をくずしたり、私語をしたりしないようにさせる。	
環境	教室内や家庭の学びの環境を整えよう。	鞄は後ろの棚へ、机は綺麗に並べて授業を受けさせる。	かばん遅刻チェックは、生活委員が行う。
		掲示物を適切に提示するようにする。	図文委員が行う。
		前面黒板は、毎時間ごとに綺麗にし、背面黒板は見やすいように整理する。	前面黒板：週直 背面黒板：学級委員
		昼休みの清掃や日頃から教室を綺麗に使わせる。	昼清掃は週直が行う。
		家庭では、学習に集中出来る環境を作り、ながら勉強などしないように呼びかける。	
家庭学習	毎日の予習・復習に取り組もう。	授業の内容を復習できるように内容に応じて課題を配布する。	
	課題や提出物は期限を守ろう。	課題は提出日までに確実に出させる。	課題の回収は、各教科係が行う。

図12-2　学びのスタンダード（教師用マニュアル）

第6節 学力向上に向けた実践事例

それぞれの生徒会活動は、生徒総会によって確認をされていく。

写真3 生徒総会の様子

○学級の学習委員の仕事
　生徒会の専門委員会から、全学級に同一基準で、次のような提案がなされ、日常的な取り組みが進められている。

第3章　実践事例1

黙想チェック表の付け方
1. 1時間目と5時間目の授業の3分前とそれ以外の授業の1分前に黙想の呼びかけをする。
2. 全員ができた場合○、できていなかった場合人数を書き入れる。
3. 金曜日の放課後、各学年の代表が他のチェック表と一緒に生徒会室に持ってくる。
(帰りの放送の黙想は囲文委員会です)

しっかり呼びかけをしましょう！

	月	火	水	木	金
1時間目					
2時間目					
3時間目					
4時間目					
5時間目					
6時間目					

チャイム席CHECK表の付け方
○チャイム席とは‥
次の授業が始まる前に席に着き、いつでも授業が始められる状態にして、落ち着いた雰囲気で授業に臨むためにあります。授業終了後、すぐに「次の授業のノート、教科書を準備してください」と呼びかけましょう、3分前から「席についてください」と呼びかけましょう。学習委員・学習班が中心となって呼びかけていきましょう。

○どんな時チャイム席違反となるのか
チャイムが鳴り始めたとき席に着いていなかったらチャイム席違反となります。
（中略）

○チェックの付け方
右図のように、1日ごとにつけていきます。違反した回数は「正」で表していきます。合計欄に1日の違反者の合計を書きます。

	月日		
A君			
B君			
・			
・			
・			
合計			

大変だとは思いますが、これもいい学校生活を送るためです。気を引き締めて頑張りましょう！！

授業あいさつコンクール開催
○期間
1月10日(金)～1月16日(木)

○目的
授業のあいさつを活性化させる

○その他・先生にあいさつの評価をしていただく
・評価のプリントは学習委員が管理する
・放課後、学習委員が生徒会室に持ってくる
・結果は1階の掲示板にて発表する

○ポイントの付け方
・その日の合計点がポイントになる
・未提出 －5p　・担任サインなし －3p

※委員はクラスにしっかりと呼びかけましょう！
表彰は、第4回専門委員会の時にします。

授業あいさつコンクール　評価表
　　　　　　　　　　月　　日

○先生方へ
・あいさつの声の大きさ、態度を見て評価してください。
・1～3の数字のどれかにペンで○をつけてください
（1が悪く、3がとても良いです）
・一言、コメントお願いします

	教科	悪い		良い	コメント
1時間目	( )	1	2	3	(　　　)
2時間目	( )	1	2	3	(　　　)
3時間目	( )	1	2	3	(　　　)
4時間目	( )	1	2	3	(　　　)
5時間目	( )	1	2	3	(　　　)
6時間目	( )	1	2	3	(　　　)

日常の取り組みの活性化を図るため、重点的に学級の取り組みがまとめられる。写真4は、学習用具の忘れ物と授業の始めと終わりのあいさつコンテストの掲示物である。

写真4　忘れ物と授業あいさつコンテストの掲示物

ウ　3部会（文系教科・理系教科・技能系教科）方式による授業研究の取組

＜目的＞学習規律の定着の経過の確認とともに、各教科の学習指導要領で挙げられている課題を考慮した授業を通して研究の成果と課題を明らかにし、研究の深化を図る。

＜方法＞
・理系教科（数・理）、文系教科（国・社・英）、技能系教科（技・家・美・保体・音）の3部会に分かれ、各部会の代表者1名が研究授業を行う。
・授業後、各部会ごとに協議会を実施する。

第3章 実践事例1

・授業をしない教員も全員指導案を書いて、主体的に参加する。

部会	授業者	学級	授業会場	協議会場
文系教科	○○	2年4組	2年4組	第1会議室
理系教科	○○	1年2組	第1理科	談話室
技能系教科	○○	3年1組	パソコン室	保健室

第2学年 英語科 学習指導案

1 単元 「Program7 Section1 動名詞（〜すること）」

2 本時 平成25年10月24日（木）第6校時 2年4組

3 授業改善のポイント

・学習規律として、授業の準備を大切にする。黙想タイムの活用
　家庭学習の定着を図るため、点検活動をスムーズにする。
・学習集団づくり
　言語活動を活発にするため、個人の活動と小集団活動に目的を
　もって取り組む。
・言語習得のためのスキルを身につける。
　音読・差し読みの徹底

4 本時の主眼

・現在分詞の作り方を理解し、正しく発音することができる。
・動名詞を使い、自分のことについて表現することができる。

5 準備

①基本文カード　②現在分詞カード　③学習プリント

6 指導過程

学習活動と内容	準備	指導上の留意点（○）と・評価（□）	形態	配時
黙想タイム		宿題を机上に出し、授業の準備をして黙想する。	個	
1　あいさつ		○元気にあいさつをする。	一斉	1
2　英語の歌		○元気に歌う。	一斉	5
3　前時の復習		○不定詞の名詞的用法を使って表現する。	列	5
4　新文型の導入		○既習の文と共通することを理解させる。	一斉	10
I like playing baseball		□動名詞を使った表現ができるようになる。		
~ing の作り方の復習		□正しく発音できる。	一斉	5
学習プリント		○ポイントになる動詞を理解させる。□ポイントを自分の言葉で表現させる。	一斉	10
活　動		□積極的に表現活動に取り組んでいるか。	班	5
5 まとめ		□学習した文型を使って Writing	一斉	10
6 次時の確認		○宿題の確認	一斉	4

　授業を参加した教員に学びのスタンダードにしたがって、授業評価を実施した結果は表11のようになった。5点(よくできた)、4点(ややよくできた)、3点(ふつう)、2点(ややできなかった)、1点(できなかった)の5件法で実施した。

N＝20　　　平均値

準備	①	学習用具が整っている	4.4
	②	チャイム席を守っている	5.0
	③	1分間黙想ができている	4.8
態度	④	始めのあいさつができている	4.7
	⑤	終わりのあいさつができている	4.5
	⑥	授業に集中し、積極的に授業に望んでいる	4.5
環境	⑦	教室内の環境が整っている	4.3

表11　授業評価の結果　　（数値は評価平均値）

　学習規律について、学びのスタンダードの徹底が授業実践を通じて全職員に共通理解された。これらの取り組みは、習慣化していくことが最も大切となる。生徒会活動と連携したことで、組織的な取り組みとなり、効果をあげていった。今までの習慣や諸事情によりなかなか定着しない生徒については、担任がカウンセリングや家庭訪問等を通じて個別に指導を深めていった。ここで大切なことは、常に学年研修会等で学年全体の課題としていくことが肝要である。研修委員会が主導して、けっして教員個人の責任にしないような組織風土づくりを推進していった。

(4) C・Aの段階　（カリキュラムの評価と改善の実施）

　学びのスタンダードの項目を評価規準として、定期的な校内研修会で成果と課題を明らかにしながら取り組みを進めた。その結果を以下のように年度末研修会で共有していった。

第6節　学力向上に向けた実践事例

学年	評価規準	中間報告	最終報告
1年	・学習用具を整えチャイム席を守ろう<準備>	○ほぼ守られている。 ●忘れ物者は限定	○各クラスともチャイム席アウトはほぼいない。チャイム席と学習用具の準備が同時にできるようになった。
	・教科連絡を確実に行い、学びの準備をしよう<準備>	●昼休み教科連絡がまだまだ ●背面黒板と生活ノートの記入	○昼休みの教科連絡、帰りの会での連絡、生活ノートの記入ができている。 (係の点検活動が効果的)
	・始めと終わりのあいさつを元気にしよう<態度>	○朝の声だしのあいさつはOK	○学級委員の意識が高いクラスは呼びかけを続けており挨拶が充実している。
	・授業中に集中し、積極的に授業に臨もう<態度>	●1学期は手遊びが目立った。その都度教科担任が注意。教科担任によって態度を変える生徒がいる。学年で指導体制をとる。	○3学期の学習態度は各クラスとも良好。各クラスで学習標語をつくり、学びのスタンダードを徹底
	・教室内や家庭の学びの環境を整えよう<環境>	●日直清掃（昼休み）、黒板消し（授業後）の徹底・背面黒板の溝の清掃が不十分、棚の整理・掲示板の管理（係・当番活動が責任を持って行うよう指導）	●ハレルヤの昼休み練習の時が昼清掃が不十分、昼休みの確保。来年度は、クラス人数が増えるので座席配置、棚の整理等の工夫が必要
	・毎日の予習・復習に取り組もう<家庭学習>	●英・・単語練習　国・・漢字練習　数・・ガンバプリントの課題。試験範囲と計画表を早めに出し、試験前の家庭学習の充実	●生活ノートから・・宿題とガンバプリントしかしていない生徒が目立つ・試験前の計画表から・・試験前は平均して2時間の学習。塾に行っている生徒は約50％
	・課題や提出物は期限を守ろう<家庭学習>	●未提出者は、家庭連絡をし提出を促す	●自力で課題ができない生徒がみられる・家庭学習の定着を図るよう指導の工夫改善が必要

第3章　実践事例1

学年	評価規準	中間報告	最終報告
2年	・学習用具を整えチャイム席を守ろう＜準備＞	○学習委員の呼びかけで、チャイム前着席、黙想はほぼ守られている。●準備が不十分で挨拶後に用具を取りに行くことがある。	○学習班の呼びかけでチャイム席はできている。●移動教室と移動教室の間で守れないことがある。○チャイム席と学習用具準備が同時にできるようになった。
	・教科連絡を確実に行い、学びの準備をしよう＜準備＞	○昼休みの教科連絡を行い、背面黒板の記入はほぼできている。○大半は生活ノートの活用ができている。○学級委員連絡で翌日の日程等の確認が確実にできている。●忘れ物が多くメンバーが固定されている。●提出物の期限が守れない。	○昼休みの教科連絡、帰りの会での連絡、生活ノートの記入ができている。○授業のたびに忘れ物をしてくる生徒はほとんどいない。係や委員会の点検活動の成果が大きい。
	・始めと終わりのあいさつを元気にしよう＜態度＞	○椅子を入れて挨拶することはできている。●元気よく挨拶できている生徒とそうでない生徒がいる。	○挨拶コンクール以後とてもよくなった。○授業に集中し積極的に授業に臨んでいる。
	・授業中に集中し、積極的に授業に臨もう＜態度＞	○私語も少なく発言もする。●集中力がない生徒もみられる。	○学習態度は各クラスとも良好である。
	・教室内や家庭の学びの環境を整えよう＜環境＞	○週直による授業後の黒板消しが習慣化している。○昼休みの清掃がほぼできている。●教卓や棚の整理が十分ではない。	●午後の授業で、教室が散らかっていることがあった。給食終了後の挨拶の時に、ゴミを拾うよう指導をする。

	評価規準	中間報告	最終報告
	・毎日の予習・復習に取り組もう ＜家庭学習＞	○教科によって、「毎日の課題」が出され取り組んでいる。（英・・プリント、国・・漢字等）○定期考査前に範囲と計画表を配布し、学習への意識付けを行っている。●家庭学習の習慣が身についておらず出された課題をこなしているだけの生徒が多い。●塾での学習を中心にして学校からの課題がいい加減になっている生徒もみられる。	○課題的な予習・復習はできているが、自発的な予習・復習が今一歩である。課題学習の取り組み方や量の調整などの指導が必要である。
	・課題や提出物は期限を守ろう ＜家庭学習＞	○ほとんどの生徒が提出期限を守って提出している。●内容がいい加減になっている生徒もいる。●提出しない生徒が固定化している。	○ガンバプリントは生徒の要望で再開した。ほぼ全員で取り組めている。○英語プリント、漢字プリントはほぼ全員取り組めている。●学習の定着を図るため、課題や家庭学習の指導の工夫改善が必要である。

学年	評価規準	中間報告	最終報告
3年	・学習用具を整えチャイム席を守ろう ＜準備＞	○学習委員の呼びかけで、チャイムの前に着席、準備をしている。●黙想ができていないことがある。（授業の課題をしていることがある）	○1分間黙想を取り入れたことで、チャイム席アウトがほぼなくなった。●学習委員によってチェックができていない部分があった。
	・教科連絡を確実に行い、学びの準備をしよう　＜準備＞	○生活ノートの活用で、教科連絡を記入し、忘れ物等はほとんどなくなっている。●提出物の期限が守れない生徒がいる。	○3年生になって、ものの管理ができ、用具をなくす生徒がいなくなった。●行事中は、教科連絡を昼休みまでにできないことがあった。

第3章　実践事例1

	・始めと終わりのあいさつを元気にしよう＜態度＞	○椅子を入れて挨拶することはできている。●大きな声で挨拶できないときは、やり直しをしているが、できる生徒とできない生徒がいる。	○コンクール期間中はできていた。●コンクール以後は、元に戻った。挨拶の継続が不十分
	・授業中に集中し、積極的に授業に臨もう＜態度＞	○発表・発言を積極的に行う生徒が多い。●寝不足で集中力がない生徒もみられる。	○3年生になり、進路や目標が定まるにつれて集中力が高まり積極性も増した。
	・教室内や家庭の学びの環境を整えよう＜環境＞	○週直による授業後の黒板消しが習慣化している。●教卓や棚の整理、掲示物が十分ではない。	○プリントをファイルなどを使って整理できている●教室が手狭で、40人が厳しい。
	・毎日の予習・復習に取り組もう＜家庭学習＞	○教科によって、課題が出され取り組んでいる。（社会：週末課題）○定期考査の2週間前に計画表を配布し意識付けを図っている。●塾での学習のため学校からの課題がいい加減になっている生徒もみられる。	○定期考査の前は、計画的に学習を行うことができた。●家庭での学習の把握が不十分であった。
	・課題や提出物は期限を守ろう＜家庭学習＞	○ほとんどの生徒が提出期限を守って提出している。●3年になって改善してきているが、決まった生徒ができていない。	○課題の未提出者は、放課後、補充学習を実施した。提出物の状況は改善した。

　学力向上の基盤として、生徒が適応できる学級づくりに取り組んだ。その結果は、Q-Uアンケートによって、客観的に状況を把握して改善を行った。表12は、全校生徒に対して6月と10月に実施したQ-Uアンケートの「学級満足群」の割合の変化である。

表12　Q-Uアンケートの「学級満足群」の変化

	1回目（6月実施）	2回目（10月実施）	増減ポイント
第1学年	56%	57%	＋1
第2学年	61%	63%	＋2
第3学年	69%	72%	＋3

　全学年とも増加したことが分かる。この結果から、学級活動や生徒会活動の効果が見て取れる。当然、教育相談活動や学校行事等も寄与していることが推測されるが、基本となる学級活動が充実していればこそ満足群が増加していると考えられる。

《2年次の取組》（マネジメントサイクルの横に年次を付加）
（5）R2の段階　（学校課題の明確化）
　前年度の取り組みの成果として学習規律の定着が習慣化されてきているとの意見が多数をしめた。この成果を生かしながら、次のステップとして学力の定着を図っていくこととした。そのために標準学力分析検査の結果を観点別に分析して、教科部会によって共通戦略を立てていくことにした。教科という縦の視点だけでなく、学年集団という横の視点が不可欠であるとの考え方から、学年部会を適宜設定して、学年職員が教科の壁を超えて、組織的に取り組むようにすることとした。さらに毎年実施している、校内授業研究会において本年度は新たに学年別方式を新しく取り入れていくこととした。

（6）P2の段階　（カリキュラム開発の組織的な取り組み）
○教師集団の縦（教科部会）と横（学年会）と全体（研修会）をつなぐ研修委員会のイメージは、図13のようになる。

第3章 実践事例1

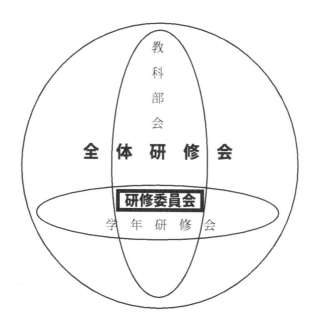

図13 校内研修のイメージ図

(7) D2の段階 （具体的カリキュラムの実施）
○標準学力分析検査（4月実施）の観点別分析を踏まえた授業改善（5教科）

　4月に全学年に実施した標準学力分析検査の結果は、5月の上旬に学校に返される。観点別の状況が把握でき、教科部会により課題と授業改善の方向性を話し合った。技能教科については、生徒の実態をもとに教科部会を実施した。その結果を次に示す。

第6節 学力向上に向けた実践事例

教科	観点	考察	授業改善のポイント
国語	話す・聞く能力	学年を追って力が伸びている（1年：Cが17%、2年Cが1%、3年Cが2%）。ただしAとBの割合が2年と3年で逆転している。	・授業規律を基礎に、聞く態度の指導、発表の仕方を指導していく。・聞き取りテストや発表スピーチの機会を作っていく。
	書く能力	各学年とも50%以上がAの評価をとっている。Cは15%程度いる。これらの生徒の底上げが課題である。	・記述式の問題や作文の指導を増やしていく。・解答の書き方の指導をする。
	読む能力	1年次でAが50%いるが、学年を追うごとにAの割合が下がっている。	・各学年に応じたレベルの文章読解力をつける。・練習問題や実力問題に取り組ませる。
	言語についての知識・理解・技能	漢字は3000字に増えているので積み重ねが必要。難解な語彙も増える。文法も総合力を身につけさせたい。	・漢字力、語彙力は国語の基礎なので課題を与え家庭学習を充実させる。文法は実践的練習問題を積み重ねる。
数学	数学的な見方や考え方	B・Cの生徒が多い。初見の問題には考えることをやめる傾向が見られる。	・説明する場面を設定し言語活動の充実を図る。・3年生に分割授業の導入（単純分割→習熟度別分割）
	数学的な技能	毎日の課題プリントの成果が見られる。	・プリントをしてこない、できない生徒への支援が必要。習慣づけのため補充学習を実施する。
	数量や図形などについての知識・理解	毎日の課題プリントの成果が見られる。	・プリントをしてこない、できない生徒への支援が必要。習慣づけのため補充学習を実施する。

第3章　実践事例1

理科	科学的な思考・表現	1年：考えようとする姿勢が身についていない。2年：問題に再度挑戦しない。3年：丸暗記しようとしている。	・解決方法を見出すための繰り返しの指導が必要である。
	観察・実験の技能	1年：小学校のときに実験が十分でない。2年：休んだ生徒への補充実験を実施。3年：実験を多く取り入れている成果が出ている。	・適切に実験を取り入れる・実験マナーとルールを確実に指導する。
	自然事象についての知識・理解	1年：これまでの学習が不足。2年：宿題を出した成果が出ている。3年：小テストの効果が出ている。	・1年は理科の好感度が低い。少しずつ意識を変えていく。効果のある指導を取り入れる。
社会	社会的な思考・判断・表現	1年：高い状況だがCが17%。2年：高い状況でA、Bの割合も高い。3年：中程度でCが17%。	考えたことをまとめ、発表する機会を増やす。
	資料活用の技能	1年：3観点で最も低い、Cが17%。2年：高い状況、Cも少ない。3年：中程度、Cは少ない。	作業的な学習を増やす。
	社会的事象についての知識・理解	1年：中程度、Cが16%。2年：最も低い、Cが17%。3年：最も高い、Cは少ない。	基礎・基本の定着を図る。小テストを活用し、反復を繰り返す。
英語	外国語表現の能力	2年：最も力を入れる必要あり。Cの対応が必要。3年：Cが14%と書くことに課題あり。	・書く力を伸ばすため単語や英文を書いて覚える機会を増やす。・自主英作文ノートを点検する。基本文の習得を促す。

	外国語理解の能力	2年：中間層の理解力のレベルアップ。3年：中間層の理解力のレベルアップ。	・表現が伸びれば理解が伸びる。レベルの高いものに取り組む。
	言語や文化についての知識・理解	2年：Bの向上。3年：多くは達成できている。	・繰り返し単語、熟語を鍛える。・継続が大切・熟語等を使った表現力の育成。
		（技能教科は省略）	

○標準学力分析検査（9月）の分析と改善の方向

　9月に実施した標準学力分析検査をもとに学力の定着状況の成果と課題を明らかにしていった。ここでは、昨年までの学習規律を踏襲しながらあらたに学力定着の取り組みを分析した。集中的に学年研修→研修委員会→全体研修会→教科部会と検討を加えていった。

　その取り組みの結果を以下のようにまとめていった。

研修会（第2学年）				2014/10/7	
10月の研修内容は、学力分析の中間総括です。2枚目以降の標準学力分析検査のグラフを分析して、成果として具体的な取り組みを学年で話し合って下さい。また、学習規律に関して取り組んだことや成果・課題を話し合って下さい。					
学年研（10/7）→研修委員会（10/8）→全体研修（10/14）→教科部会（10/14）					
	学力向上（指導法改善）		学力向上（学習規律）		
	取組んだこと	成果・課題	取組んだこと	成果・課題	
国語	テーマ設定から調べ学習・資料作成発表会の実施を通して話す力の育成	各自のテーマを設定し、情報を集め、整理・構成の作業を経て、プレゼンテーションを行えた。	授業の準備復習の仕方ワーク点検漢字の小テスト	学習の準備家庭学習（復習）の仕方・漢字の書き取りの力が付いてきた。	

第3章　実践事例1

数学	毎日の家庭学習プリントを作成。単元ごとの確認テストと小テストの実施。ペアー学習を取り入れ教え合いをはかる。	ペアー学習は定着があまりできず、課題である。家庭学習プリントは、1年からの継続である程度、定着してきている。	忘れ物・提出物の徹底。ワークノートを作成させる。複数回ワークの取り組み。	ほぼ忘れ物はない。ワークの複数回の取り組みは定着していない。
社会	小テストを行い、基礎基本の定着をはかった。また、資料やグラフから特徴を読みとり、自分の意見や考えをもつための時間をもったりした。	資料やグラフの読みとりに関しては、様々な意見を出すようになったが、基礎・基本の定着に関しては、小テストの他にも、週末課題などで補っていかなければならない。	忘れ物や提出物などの徹底をするように日頃から繰り返し言うようにしてきた。	忘れ物と提出物は1学期のはじめに比べるとかなり減ってきている。
理科	単元ごとに、少しずつワークを宿題にしてさせたり、単元テストを行った。	少しずつだが、理解してきたように思う。	宿題をしやすいように、ワーク数ページずつ、こまめに出すようにした。	確実に行って提出するようになってきた。確認が大変。
英語	・発音練習（ストレスと発音） ・コミュニケーション活動 ・セクション毎の課題（書く活動）と小テスト ・小テストで満点以外の生徒にやり直しの課題を出す。	・「書く」課題とその後の暗記テストを毎回行うことは生徒にも定着しており、テスト時に役に立っていると思われる。 ・ひととおりの課題ではなかなか力がつかない生徒への手立てを考えないといけない。	・忘れ物点検 ・課題点検 ・ノート点検 ・教師の説明や問題に集中させる呼びかけを頻繁に行う。 ・宿題忘れやテストのやり直し忘れは、やってくるまで毎回点検し学期末に集計を発表する。	・正しい姿勢で授業を受ける。 ・忘れ物を減らしたり、宿題忘れをしても、その日のうちや次の時間までにやってくるようになる。

			教室の学習環境の整理。ゴミを拾うことや机の並び方、カバンの整理整頓など	だんだん崩れてきている。
学級担任から、何かありましたら書いて下さい。				

○学年部会（1年・2年・3年）方式による校内授業研究会（10月23日）での取組

　中学校は、教科担任制などの授業研究では、他教科の授業を見て協議することになる。協議がしやすいように、文系、理系、技能系という枠で、分科会を行うことが多い。本校でも従前までこの方式をとっていた。職員の中から学年の子供たちの様子を具体的に見て協議を進めていきたいとの希望が出てきた。そこで学年別に授業と協議会をする方式を取り入れた。成果として、テーマの共有化が定着したことや全体研修⇔学年別研修会⇔教科部会という校内の異なる教師集団を生徒の実態に応じて、臨機応変に多様化した取り組みが定着してきた。この方式は、その後の学年での取り組みの深化へと発展し、学力向上に大いに寄与することになる。
　以下に、本年度の理科授業の提案を示す。

＜目的＞学習規律の定着の経過の確認とともに、各教科学力分析の結果を基にした課題を考慮した授業をし、3部会で意見交流を行う。授業改善として、各教科の特性や利点などの情報を交換し、お互いが高めあうことを目的とする。
＜方法＞
　各学年で授業者を1名決め、参観は、学年単位で行う。授業後の協議会の内容としては、各クラスの授業の様子や，学力定着の結果を基に成果と課題を出す。

部会	授業者	学　級	授業会場	協議会場
第1学年	○○	1年4組	第1理科室	第1会議室
第2学年	○○	2年1組	2年1組	談話室
第3学年	○○	3年5組	TT教室	保健室

第3章　実践事例1

　　　　　　　　第2学年　理科学習指導案
1 単元　「物質の状態変化」
2 本時　平成26年10月23日（水）第6校時
3 授業改善のポイント
・見通しをもって、実験の手順を考え準備し、実施していく過程を身につけさせ、実験の成否の要因を理解させる。（問題解決能力）
・実験の結果を文章にまとめることをとおして、思考を一般化する力を身につけさせる（言語活動の充実）
4 本時の主眼
・エタノール水溶液から分留によって、エタノールを分離することができる。
・分離した溶液が濃度の濃いエタノールであることを同定することができる。
・実験器具の構造を理解して、器具の使い方を習得させる。
5 本時の展開

意図	学習活動と内容	指導上の支援・留意点	形態	配時	価規準・方法
問題把握　情報収集	【はじめ】 1 身近なエタノール水溶液からエタノールを分留しよう 2 実験方法について確認する 4 補足 3 実験方法について理解できたか 5 実験方法に沿って意欲的に探究活動に取り組もう	1 実験の目的を理解させ活動計画を確認する。 3 実験の方法の理解、準備ができているか、机間指導を行い確認する。実験に戸惑う班には個人の役割の確認、装置の設定、測定や記録の仕方を指導する。 ※分留したエタノールは引火の危険性があるので注意させる。 5 各班ごとに役割を確認して実験の取り組む。	一斉　班	5　10	関）協力して意欲的に実験に取り組む。 【様相チェック】 技）A：手順を理解し測定方法が適切になるよう工夫する。 B：手順を理解し測定が正しくできるよう準備する。 【様相チェック】 【用紙チェック】 技） A:安全面に配慮して分留した溶液からエタノー

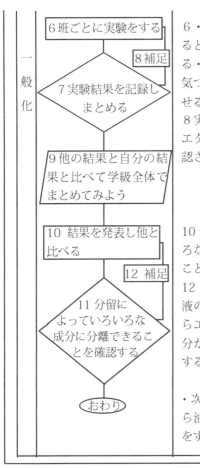

○教科部会と学年会での検討事項

　以下に示すのは、各教科について、教科部会と学年会において検討し、改善策を立案したものである。教科の壁を越えて、学年単位の取り組みとなることで、中学校における教科担任制の弊害を超えた取り組みとすることができた。このことは、学級担任が、生徒一人一人の学力向上について把握することになり、担任とし

第3章　実践事例1

ての指導の深まりを生むことになる。保護者との懇談においても全教科のことについて積極的な情報提供ができ家庭との連携が進む。

教科	観　点	授業改善のポイント	具体策 (教科部会)	参観の視点 (学年会)
国語	話す・聞く能力	授業規律を基礎に、聞く態度の指導、発表の仕方を指導していく・聞き取りテストや発表スピーチの機会を作る。	・自己紹介・プレゼン・短歌鑑賞・1分スピーチ（面接）	文法：3年間を見通した指導を実施する。 ・1年次の学習が定着しているか。 ・本時のねらいを理解できているか。 ・本時の内容が1年次の学習につながっていることに気づけたか。
	書く能力	記述式の問題や作文の指導を増やしていく・解答の書き方の指導をする。	プレゼン、鑑賞文を書く・読書紹介・マッピング紹介文の指導、試験問題の工夫	
	読む能力	各学年に応じたレベルの文章 読解力をつける・練習問題や実力問題に取り組ませる。	実力テスト問題の工夫・ワークブック以外のプリント学習	
	言語についての知識・理解・技能	漢字力、語彙力は国語の基礎なので課題を与え家庭学習を充実させる。文法は実践的練習問題を積み重ねる。	・漢字プリントの宿題、点検、小テスト・授業研究を踏まえたスキルアップをはかる。	

数学	数学的な見方や考え方	・説明する場面を設定し言語活動の充実を図る・3年生に分割授業の導入（単純分割→習熟度分割）	・証明（説明）の場面を作り、自分の言葉で説明する機会を与える。	・円周率を3つのパターンで説明できるか。→班の中で発表し、全員に言わせる。
	数学的な技能	プリントをしてこない、できない生徒への支援が必要。習慣づけのため補充学習を実施する。	・毎時間5分程度の計算練習をさせる。	・ミスの多い事例を繰り返し指導する・基本用語が理解できているか確認する。・円周角について理解させる。・板書をきちんととっているか。
	数量や図形などについての知識・理解	プリントをしてこない、できない生徒への支援が必要。習慣づけのため補充学習を実施する。	・机間指導をしてノートチェックをする。	
理科	科学的な思考・表現	解決方法を見出すための繰り返しの指導が必要である。	・考える時間を適切に設定する。	・小学校で実験観察をほとんどやっていない。・実験観察をとおして知識を一般化させる。・実験観察の喜びを味わわせる。・まとめで結果を文章まとめ発表させて言語活動を取り入れる。
	観察・実験の技能	適切に実験を取り入れる・実験マナーとルールを確実に指導する。	・指示、手順など、学習プリントで確認し、安全に実施する。	
	自然事象についての知識・理解	・1年は理科の好感度が低い。少しずつ意識を変えていく。効果のある指導を取り入れる。	・実験結果を話し合ったり、文章にまとめさせる。身近なものや生活に役立つものの有用性を味わわせる。	

第3章　実践事例1

○「ノーテレビデー」の取り組み
　中学校校区の2小学校とともに、小中学校ブロックでの連携を進めている。主幹教諭が実行委員となって推進している。ここで、主幹教諭のアイディアで、小学校と連携して、学力向上策が新たに企画された。それが「ノーテレビデー」という取り組みである。中学校の定期考査（年間4回）の前3日間は、小学校、中学校ともに、学力向上と家族時間の復活を目指して実施された。終了後、2小学校と中学校の全校生徒とその保護者を対象にアンケート調査を実施し、小中連携便りで啓発を図っていった。表13はその結果を示したものである。

項目	テレビを見たり、ゲーム・パソコンなどをした時間	小学校（％）	中学校（％）
レベル1	2時間以上	7.2	11.9
レベル2	1時間以上～2時間まで	12.1	9.3
レベル3	30分以上～1時間まで	19.9	18.4
レベル4	30分以内	25.0	23.4
レベル5	まったく見なかった	35.8	36.9
	レベル3~5の割合	80.7	78.7

表13　ノーテレビデーでのメディア視聴時間

＜生徒の感想から＞
・家族との会話も増え、勉強もできたのでよかったです。
・テレビを見たくても我慢していたら、お母さんとお父さんとしゃべることができました。とても楽しくしゃべりました。・テレビを見ることが習慣になっていた。しかし日が進むごとに、見る時間が減っていった。・久しぶりに30分以内しか見なかったのでうれしいです。勉強がはじめ

て5時間以上できました。・いつもは家に帰ってすぐテレビをみていたが、テレビを見なかったので勉強時間が増えた。これからも生かしていこうと思いました。・弟妹が、協力してくれたので、勉強時間が増えてよかったです。

＜保護者の感想から＞
・長男の期末テストと連動していたので静かな環境ができてよかった。・いつものようにテレビをつけそうになっていましたが「ダメダメ」と自分で我慢していました。宿題やドリルがとても進みとてもよかった。
・自分から守ろうとする姿が見られ我が子ながら感心しました。兄妹で同じルールがありよい機会だと思います。・朝のニュースだけは見せました。この三日間、夕ご飯（チャーハン）を毎日作ってくれました。・余暇の時間の過ごし方の計画を立てていたようです。家族のコミュニケーションも更にとれました。

（8）C・A2の段階　（カリキュラムの評価と改善の実施）

　学力向上の成果指標として標準学力分析検査の県平均値との総合点の差を時系列で整理して、研修会で共有していった。以下の表14、表15、表16に各学年の成績推移をしめす。

　※国語、社会、数学、理科、英語の合計500点満点とする素点の本校の素点と本県平均素点との差。（1年生の4月は、4教科なので5教科に補正）

第3章 実践事例1

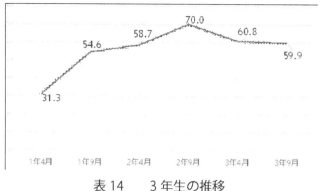

表14　　3年生の推移

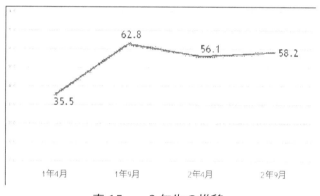

表15　　2年生の推移

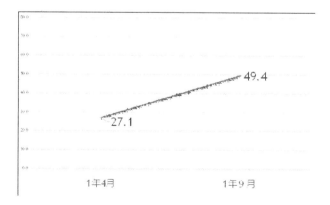

表16　　1年生の推移

学年が上がるにつれて、おおむね学力が向上していることがわかる。成果が目に見えることで職員の達成感や意欲も高まり、取り組みの充実が図られた。

　なお、9月実施分は、夏休みの課題とリンクした復習問題が取り入れられているので、平均点が高く推移する傾向にある。

　また、諸学力検査の結果の公表が全国的な課題となっている。福岡市教育委員会では、素点でなく、4段階の範囲で、教育委員会が各学校に通知して、改善点を添えて、保護者に公開するよう通知している。本校では、学校のホームページを通じて積極的に学力調査の結果を公表することで保護者の信頼を得るようにしている。以下に示す、諸学力調査の結果は、全国学力・学習状況調査と福岡市教育委員会が独自に実施している学力調査の結果をもとに本校のホームページに公表しているものである。

平成26年度「全国学力・学習状況調査」結果

中学3年生	国語	A 基本的内容	全国標準を「やや上回っている」
		B 応用・発展的な内容	全国標準を「やや上回っている」
	数学	A 基本的内容	全国標準を「上回っている」
		B 応用・発展的な内容	全国標準を「上回っている」

結果のコメント①上回っている②やや上回っている③同程度である④努力を要する

第3章　実践事例1

＜調査結果と分析＞
○ 国語Aでは、適切な語句を選択する問題や歴史的仮名遣いを現代仮名遣いに直す問題の正答率が特に高く、会話の設問で意見の相違点を整理する問題の正答率が低い。
○ 国語Bでは、ノートを基に標語から伝わってくる「メッセージ」と「表現の工夫とその効果」書く問題の正答率が特に高く、本とインターネットの内容を比較を説明する問題の正答率が低い。
○ 数学Aでは、正の数と負の数、方程式の計算や関数、資料の活用、確率の分野での正答率が高く、図形で回転移動したときの角を選ぶ問題やn角形の内角の和を求める過程を読み取る問題の正答率が低い。
○ 数学Bでは、すべての問題の正答率が高く、特に数式を文字で表し数学的に説明する問題や関数の日常的な問題を処理する問題の正答率が高い。

＜本校の特徴と改善の取組＞
　国語A・B、数学A・Bともに、２５年度より成果が上がっている。ほとんどの領域において全国平均正答率より高い結果がでており、日常の学習の成果が十分に発揮されている結果と考えられる。
　本校は昨年度より「学びのスタンダード」を策定し、学習規律を明確にして、落ち着いた環境の中で学習していくこの取組を実施してきた。本年度は学習規律の確立から、自ら学ぶ姿勢を身につけられる取組を実施している。
　静かに集中して朝の読書に取り組む。家庭学習の課題に確実に取り組む。このような毎日の基本的な学習の取り組みが、生徒の学習習慣として、確実に身についている結果が顕れている。
　本校には、生徒質問用紙の結果から、自分の考えをまとめたり、他者とコミュニケーションをとりながら思考力を高めたり、自分の言葉で

考えを表現したりすることが苦手な生徒が多く見られた。このことから、各教科における「思考力・判断力・表現力」を重視した授業の取組として、さまざまな資料から自分自身で判断することや、自分の考えをまとめ、積極的に発表したり、他者と学習課題についてコミュニケーションをとりながら意見をまとめたりする場面を取り入れた授業づくりを図りたい。

今後も「忘れ物をしない」「提出物を期限内に出す」「課題（宿題）を確実に終わらせる」「積極的に授業に参加する」「難しい問題に直面したとき、最後まであきらめずに取り組んでいく」など本校の「学びのスタンダード」を基本にして学習に取り組んでいくことが大切である。

平成２６年度「福岡市英語チャレンジテスト」結果

福岡市教育委員会の新しい施策として「福岡市らしい英語教育の推進」が打ち出され、福岡市のめざす英語力を、中学３年生で英検３級程度以上が３０％（３・３・３）以上と定め、英語チャレンジテストが実施されました。

本校では下表の通りとなりました。

＜英検相当レベル別割合＞

3年生	英検相当レベル	3級以上相当レベル	4級相当レベル	5級相当レベル	5級受検相当レベル
	本 校	51.2%	26.2%	19.0%	3.6%
	F 市	37.7%	26.5%	26.6%	9.2%

2年生	英検相当レベル	4級相当レベル	5級相当レベル	5級受検相当レベル
	本 校	56.4%	34.9%	8.7%
	F 市	49.0%	33.4%	17.6%

第3章　実践事例1

☆2年生，3年生ともに，本校では福岡市のめざす英語力をかなり上回っています。
　来年は，中3英語検定3級以上を55％以上になるよう頑張りましょう。
　今後も意欲的に積極的に英語の学習に取り組みましょう。

<分野別正答率>

3年生		語彙	文章	読解	リスニング
	本　校	90.7%	69.8%	76.0%	79.5%
	Ｆ　市	83.5%	61.5%	69.1%	74.8%

2年生		語彙	文章	読解	リスニング
	本　校	83.2%	87.4%	77.6%	77.9%
	Ｆ　市	79.5%	80.3%	72.7%	76.5%

☆2年生，3年生ともに，すべての分野で福岡市の平均を大きく上回っています。
☆今後も毎日の予習と復習に力を入れましょう。
【語彙】・語彙力定着に向けて地道に家庭学習に取り組みましょう。
【文章】・英文を読む，書く練習をくり返し行いましょう。
【読解】・文と文とのつながりを考えながら読みとり，質問に答える練習を頑張りましょう。
【リスニング】・まとまりのある英語を聞いて概要や要点を適切に聞き取る練習やネイティブスピーカーを十分活用して，聞く力や話す力を伸ばしましょう。

平成26年度学習定着度に関する調査結果（中3）

平成26年10月2日実施

中学3年生	国　語	全国標準を「上回っている」
	社　会	全国標準を「やや上回っている」
	数　学	全国標準を「上回っている」
	理　科	全国標準を「上回っている」
	英　語	全国標準を「上回っている」

結果のコメント①上回っている②やや上回っている③同程度である④努力を要する

＜調査結果と分析＞

○ 国語では、「話す・聞く（聞き取り）」「読む・伝国（説明的文章）」「読む・伝国（文学的文章）」「書くこと（課題作文）」に関する問題ができている。

○ 社会では「歴史的分野（古代～近世）」「世界地理」「日本地理」や「公民的分野」の問題は、よくできている。「歴史的分野（近代、現代）」では、全国標準より上回っているが、他の領域に比べて点数が低い。

○ 数学では、見方や考え方、知識、理解、技能面ともによくできている。すべての単元で、全国標準と比較して上回っている。

○ 理科では観察、思考・表現、実験の技能の力はよくできている。「植物の生活と種類」では、全国標準より上回っているが、他の領域に比べて点数が低い。

○ 英語では、「表現」「理解」「知識・理解」ともによくできている。どの領域においても全国標準と比較して上回っている。

＜本校の特徴と改善の取組＞

　国語、数学、理科、英語ともに、全国標準を上回る成績である。ほとんどの領域においても全国標準よりも高い結果がでており、日常の学習の取り組みの成果が出ている。学習規律を守り、授業に意欲をもち、学習に取り組むこと、家庭学習の課題に確実に取り組むことという、基本的な学習

第3章　実践事例1

の取り組みが、成果となって顕れている。調査結果については、弱点分野に意識をもたせ、今後の学習指導に生かしていく。さらに各教科における「幅広い知識」「応用力」の習得や「思考力・判断力・表現力」をどのようにして育てていくかが、本校これからの課題である。そのために、さまざまな資料から自分自身で判断することや、自分の考えをまとめ、積極的に発表したり、他者と学習課題についての話し合いを行いながら意見をまとめたりする場面を取り入れた授業改善に取り組む。基礎的な問題だけでなく、発展的な問題にも積極的にチャレンジさせていきたい。家庭でも規則正しい生活・学習習慣の定着のためのノーテレビデーや時間を守る生活習慣に対するご支援、ご協力をよろしくお願いします。

平成26年度学習定着度に関する調査結果（中1）

平成27年2月4日実施

中学3年生	国　　語	全国標準を「やや上回っている」
	社　　会	全国標準を「上回っている」
	数　　学	全国標準を「上回っている」
	理　　科	全国標準を「やや上回っている」
	英　　語	全国標準を「上回っている」

　結果のコメント①上回っている②やや上回っている③同程度である④努力を要する

＜調査結果と分析＞
○ 国語では、「話す・聞く（聞き取り）」「読むこと・言語事項」に関する問題はよくできている。「説明的文章の理解や書くこと（課題作文）」に課題が見られる。
○ 社会では「歴史的分野」「地理的分野」「総合問題（仮想の大陸）」のすべての問題で、たいへんよくできている。

○ 数学では、見方・考え方、知識、理解、技能面に優れる生徒が多く見られる。全領域の問題においてたいへんよくできている。
○ 理科では全般的によくできている。「植物のからだのつくりとはたらき」「植物のなかま分け」の問題については課題が見られる。
○ 英語では、表現の能力、理解の能力、知識・理解のすべてについてよくできている。

＜本校の特徴と改善の取組＞

　国語、社会、数学、理科、英語ともに、全国標準を上回る成績である。ほとんどの領域においても全国標準よりも高い結果がでており、日常の学習の取り組みの成果が十分に発揮されている結果である。特に、社会、数学、英語では、基礎理解が高く、技能を十分にもっている生徒が多数見られ、全国標準をかなり上回る結果である。毎日の授業に意欲を持ち、学習規律を守り、真剣に学習に取り組む。そして、家庭学習の課題に取り組む。この毎日の継続的な学習の取り組みが成果となって現れている。

　本校には、まだまだ教科の活動の中で、自分の言葉で考えを表現したり、発表したりする力や他者との意見交流を通じて思考力を高めたりすることが十分に達成できていない生徒も見られる。もっと深い内容の理解や発展的な学習の意欲を伸ばさなければならない。そして、自ら意欲的に学習が実行できる（自学）力や「思考力・判断力・表現力」をどのようにして育てていくかが、本校の課題である。そのために、さまざまな資料から自分の考えをまとめ、積極的に発表したり、学習課題についての話し合いを行いながら意見をまとめる場面を取り入れた授業改善に取り組み、基礎的な問題だけでなく、発展的な問題にも積極的にチャレンジさせていく工夫も必要である。家庭でも規則正しい生活・学習習慣の定着のためのノーテレビデーや時間を守る生活習慣の確立についてのご支援・ご協力をよろしくお願いします。

授業改善には、生徒が主体的な活動を担保していくことが不可欠である。全国学力・学習状況調査において、教師の一方的な授業でなく、生徒の活動を引き出す授業が展開されているかを問う質問が用意されている。表17は、発表する場を提供した授業が行われているかどうかを生徒自身の視点から問うたもので、一つの重要な指標になると考えられる。

表17　全国学力・学習状況調査の生活実態調査

質問項目	授業で、発表する機会が与えられていると思いますか			
	1	2	3	4
平成24年度	8.0	48.8	31.2	11.2
平成25年度	35.5	47.4	12.5	3.3
平成26年度	43.4	47.0	8.4	1.2

（1：当てはまる　2：どちらかといえば当てはまる　3：どちらかといえば当てはまらない　4：当てはまらない）

学習規律の向上からはじめた取組の成果が現れているかを示す全国調査のアンケート項目に、以下の表18と表19の問いが考えられる。

経年変化から、おおむね成果が出ており、計画的な家庭学習の定着がはかれていることが推測される。

表18　全国学力・学習状況調査の生活実態調査

質問項目	家で、自分で計画を立てて勉強をしていますか			
	1	2	3	4
平成24年度	8.2	20.6	45.9	25.3
平成25年度	14.5	30.3	35.5	19.7
平成26年度	18.1	34.9	32.5	14.5

（1：当てはまる　2：どちらかといえば当てはまる　3：どちらかといえば当てはまらない　4：当てはまらない）

表19 全国学力・学習状況調査の生活実態調査

質問項目	家で、学校の宿題をしていますか			
	1	2	3	4
平成24年度	70.0	21.2	6.5	2.4
平成25年度	69.7	19.1	8.6	2.6
平成26年度	72.9	22.3	3.6	1.2

(1:当てはまる　2:どちらかといえば当てはまる　3:どちらかといえば当てはまらない　4:当てはまらない)

　年度末の校内研修委員会において、次年度に向けた方針が立案され、全体研修会において共通理解を図った。校内授業研究会などの意見などを参考に、研究テーマは、学習集団に着眼した「確かな学力を身につけた生徒の育成～学習の定着を目指す学習集団づくりの工夫～」とした。具体的な方針は以下の通りとした。

・定着してきた学習規律を継続しつつ、学習形態に応じた学習規律を定着させていく。それを基に、生徒同士が学びあう授業を展開する。

・継続して実施してきたQ-Uアンケートの結果を基に、学級のルールやリレーション、ルーティーンを相互に高め、集団づくりの基礎をつくっていく。

・学習規律や指導方法について、小学校と連携して確かな学力を9年間を見通して育成する。

　このように、分散型のリーダーシップにたち、組織成員の内発的動機づけを重視したカリキュラム・マネジメントを展開していくことで、校内研修の深化が図られ、確かな成果が見られるようになった。

第4章 実践事例2（特色ある学校のケーススタディ）

第1節　施設一体型の小中連携教育

　福岡市立C小中学校は、市内で初の施設一体型の小中連携校として、東部の埋め立て地に、平成19年に小学校、平成20年に中学校が開設した。施設一体型の校舎で、小中学校が9カ年を同じ教育理念で子どもの育成に当たれるところに特徴がある。周りの環境も湾岸地区に埋め立てられ、新しい都市づくりが着実に進んでおり、市内外からの転入生が多い学校である。平成26年4月現在、小学校27学級、中学校8学級の35学級、児童生徒数1100名を超えており、周りの住宅環境の整備に伴い、児童生徒数が急増している。
＜ヒアリング調査＞　平成26年5月に学校を訪問し、K校長からヒアリングを実施、平成26年10月に校内研修会を参観し、Y教頭からヒアリングを実施した。
※本実践事例では、このほかC小中学校の研究資料、教育計画やホームページで公表されている資料等を引用した。

（1）Rの段階　（学校課題の明確化）
　開校時から、施設一体型の小中連携校としての使命である9カ年を見通した教育活動が求められている。特に、小学校と中学校の職員室が同じで、小中合同で実施されている行事もある。全国学力調査などの結果から、基礎学力の定着は図られているが、思考力や表現力などの考える力の育成が課題としてあげられる。その課題解決のために、小中の系統性を重視した言語活動の充実

第1節　施設一体型の小中連携教育

と小中学校の関連を図った教科指導を重点課題としている。また、小学校と中学校の教職員の意識の違いなど、いわゆる文化の違いを超えて協働化を図っていくことも重要な課題としてあげられる。

学校長によれば、教職員は赴任した段階で、小中連携教育は当然やらなければならないとの意識を持つとのことである。筆者が訪問したときも、まず学校の看板には、学校名の横に「小中連携教育校」との表示がされており、小学校と中学校が連携することは、施設というハード面からして当然醸成される学校文化といえよう。

C小中学校は、F市北東部の湾岸の埋め立て地区に新しく設置されており、街づくりと連携しながら地域一帯の学校という文化が確立されている。人事面でも研究を中心となってリードしていける人材が配置されており、重点校として教育委員会のバックアップもできている。したがってスクールリーダとしては、分散型を基本として、臨機応変に教授的なアドバイスなどを効果的にしていく事が求められている。保護者や地域住民の学校への関心も高く、説明責任などもしっかりと求められており、マネジメントサイクルを機動的、効果的に動かしていくことが求められている学校である。以下に学校長がホームページに公表している学校経営方針を示す。「9年間」や「小中連携教育」というキーワードは必然的にあげられている。また「感謝と文化」という学校の目指すべき姿がビジョンとして代々引き継がれている。本稿では、特に教科指導領域に焦点をあてて、カリキュラム・マネジメントの実際を探ることとする。

第4章　実践事例2

平成26年度　学校経営方針　　福岡市立C小中学校

<学校教育目標>
　C小中スタンダード：「感謝と文化」を合い言葉に小中連携教育に取り組み、義務教育の9年間で大人になるために必要な3つの力「人間関係力・生活の力・学力」を身につけさせ、目標を持って卒業させる。
◇C小中スタンダード「感謝と文化」
・東日本大震災で亡くなられた方のご冥福、被災された方が一日でも早く普段の生活にもどることができることへの祈り、そして与えられた命を大切にし、無事に生活が送れることへの感謝をする。
・C小中ならではの文化を育てる。
◇今年度の重点目標
　恵まれた環境で生活できることに感謝し、C小中学校ならではの文化を育てていく。
【具体的取組】
（1）小中連携教育の実践を推進する。
　　　児童生徒1000名を超える大規模校としての連携教育の実践、特別支援教育の充実
（2）感謝の気持ちを表す。
　　　立志式・1／2成人式：決意と保護者への感謝
　　　学校への感謝：モクモク清掃・無言清掃　日本一の挨拶
　　　感謝プロジェクト：警備会社、地区委員さんへの感謝
（3）C小中ならではの文化を育てる。
　　　おかめの挨拶・二言挨拶、もくもく清掃、無言清掃、ノーマイク・ノー原稿、歓迎遠足、小中合同運動会、小5中1合同自然教室、百人一首カルタ大会、大縄大会他

第1節　施設一体型の小中連携教育

（4）学力の向上を図る。
　　小中合同テーマ研の推進　授業への心構え：時間を守る　指導方法の工夫とC検定、Cトレの実施、学力・学習状況調査結果の活用

※学校ホームページより転用

（2）Pの段階　（カリキュラム開発の組織的な取り組み）

　リサーチをふまえ、教科カリキュラム開発の組織づくりが行われている。ここでは小中の連携をスムーズに行うため、校内のテーマ研究会の組織のメンバーに小中学校の教員を参加させるなど人的マネジメントを工夫している。このことにより連携がスムーズにいくことになると考えられる。通常、小学校は一つの教科に絞ってテーマ研究を進めていく。中学校では教科に分かれているので理系の科目、文系の科目、実技系の科目など群を設定して、授業研究を進めることが多い。C小中学校では、教員の意見などを踏まえ、学校長のリーダーシップにより教科ごとの部会を設定している。「小中連携校においては、中学校の組織を基本にするほうが円滑に校内研究が進む」という学校長の考えから、中学校の教科分担を基本としながらも、小学校のきめ細やかさと中学校の専門性というメリットを生かした、研究組織づくりがマネジメントされている。また、学校長は、副校長、教頭、研究主任等のミドル層が参加する研究推進委員会において教授的なリーダーシップを発揮してカリキュラムの具体化を円滑に進めている。図14にその組織図を示す。

第4章　実践事例2

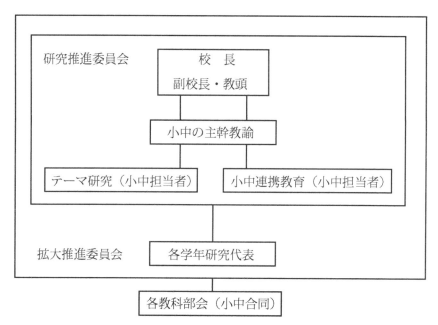

図14　校内研修の組織図

　教務主任という学校運営のミドルリーダーを要として、校内的な研究の内容領域であるテーマ研究担当と、校外的な運営領域である小中連携担当を有機的に結びつけた組織を機動的に動かす仕組みとなっている。このようなプロジェクト型の組織を中心に有効なカリキュラムの開発がなされている。

　また、教科の小中一貫カリキュラムに関連性や系統性を持たせるため、各教科部会は小中学校の縦割り組織を設置している。各組織の代表者を決めて、教科部会を実施している。この組織を中心に小中一貫の教科カリキュラムの作成や教科単位の小中学校合同授業研究を毎年実施している。ここでは中学校の専門性と小学校のきめ細やかな指導とが一体となり、継続性、一貫性のある教

第1節 施設一体型の小中連携教育

科カリキュラムが実施されて効果を上げている。

小中連携の文化は、職員に根付いている。学校長は、新しく赴任した職員にたいして、本校は連携校なのでこのようなシステムをとっていることを説明し理解を得ている。また新任で採用された職員が転出する際には、一般校のシステムは異なることを説明して送り出すなどの配慮をしている。スクールリーダーは、分散型のリーダーシップを発揮して職員の参画意欲を引き出している。ここでのプランが合同の研修会で審議されていく組織マネジメントが実施されている。このように施設一体型の特性を生かした人的マネジメントが有効に機能しカリキュラム開発が推進されている。

一体型であるので、教職員が小中学校の子どもたちとの関わりがあることや打ち合わせに時間がとれることなどの特色を生かして、表20のように、中学校の教員が、音楽や美術、体育などの教科を中心に毎週、小学校の授業を2～3時間担当している。これらの教科になることは、教科持ち時数の関係や小学校からの専門的な指導の要望等を踏まえて取組を実施している。合同体育祭や合唱祭などの学校行事などが充実しているのも小学校と中学校が合同で開催することによる効果であると学校長は述べている。このような円滑な教育活動が、中1ギャップの改善にも寄与するものと解釈できる。

	1年	2年	3年	4年	5年	6年	1年	2年	3年
国語	◎A B		C	D		E	S	T	U
算数・数学	F	G H	I	◎J K		L		V	W
生活・理科	M	N	O		P	◎Q	X	Y	
音楽	◎R					(Z)		Z	

表20　教科担当割り　　※アルファベットは教員を指す

第4章　実践事例2

(3) Dの段階　（具体的カリキュラムの実施）

　小学校と中学校においては、指導の在り方の基本が違うことが見られた。特に学習の基本的な姿勢や規律などが、小学校ではきめ細やかに、中学校では規律を重視するなど、それぞれの校種の文化が異なることが子どもたちの戸惑いを生じさせてきた。C小中学校では、発達段階を踏まえた、指導の共通性を図った取組が行われている。特に話し合いのスキルを段階的に身につけさせる工夫がなされている。

　図15は話し合いの系統表を、図16は、話し合いのスキルを示したものである。小中合同の縦割りの部会制度により、教科、領域の一環カリキュラムが作成されている。ここでは学校長の変革的リーダーシップにより「小中学校の関連を図ること」が指導され、すべての教科に発達段階を踏まえた系統性が明示されている。このことで、小中学校の各発達段階において育てるべき能力が明らかにされた連携カリキュラムとなっており、小中連携校としての特色が十分に発揮されたカリキュラムになっている。

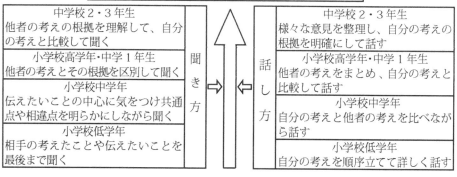

図15　話し合いの系統表

第1節　施設一体型の小中連携教育

<自分の考えを述べる>			
	小学校低学年	小学校中学年	小学校高学年・中学年
結論	・ぼく（わたし）は、○○と思います		
	・○○は、□□になると思います（予想）		・○○は、□□ではないかと思います（予想） ・○○のことから、□□と予想しました ・○○から△△のようだと思いました（例え） ・○○のところが、□□だと感じました ・○○のところから、□□だと思います
理由	・そのわけは、○○だからです	・そのわけ（理由）は○○だからです	・なぜかというと、○○だからです
<友達の考えにつなぐ>			
	小学校低学年	小学校中学年	小学校高学年・中学年
確認			・△△さん、もう一度言ってください ・△△さんの考えは、○○ということですね ・△△さんは、○○と言いましたよね ・それは、○○と考えていいのですね ・例えば、○○ということですね
	・△△さん、もう一度言ってください		
質問	・△△さんに質問です ○○が分かりません。教えてください ・○○とは何ですか	・△△さんに質問です ○○は、どういうことですか、教えてください	・△△さんに質問します ・どうして○○と思ったのですか。教えてください ・△△さんの○○までは分かりましたが、□□は分かりません。教えてください
付加	・△△さんの考えに付け加えがあります。○○を入れたらいいと思います		
賛成			・△△さんの考えに賛成です。△△さんの考えは、○○という考えだと思うからです ・△△さんのように、○○と思います
	・△△さんの考えと同じです ・△△さんのように、○○と思います		
反対			・△△さんの意見と少し（全く）違っていて○○と思います。それは○○だからです ・○○に○○とありますね。だから○○ではありませんか。△△さんは、○○と言いましたよね。でも、○○が違うのではありませんか
	・△△さんの考えと違います ・△△さんの考えと違って○○と思います		

図16　話し合いのスキル

第4章 実践事例2

　校内授業研究の全体授業研究は小中学校、年間それぞれ1回ずつ実施されている。当然この授業研究会には全職員が参観し協議を行う。前述の教科カリキュラムの共通事項の系統に沿って、小中学校の合同指導案が作成され、小中学校の連携を図った授業改善が意欲的に推進されている。小学校の教員からは、「目指すべき子ども像がハッキリ意識できる」「中学校教員から教科の専門的な意見が聞ける」などの声がきかれる。また中学校の教員からは「きめ細やかな授業設計や板書計画など学習指導方法で学ぶことが多い」などの声がきかれる。このように子どもたちに対して、小学校から中学校にかけて、発達段階に応じて円滑な学習内容、学習方法が実施されており、つながりという観点からの効果的なカリキュラム・マネジメントが実施されている。

　また共通の研究テーマを言語活動の充実としており、9年間を見通して、めざす児童生徒の姿と中心となる言語活動のマトリックスを一覧にしている。ここでは発達段階を踏まえながら「考える力を身につけた児童生徒の育成」という研究テーマを目指して、カリキュラムの視点が子どもの姿と関連して示されており、年齢という時間軸に沿ったカリキュラム・マネジメントを展開するための指針となるものであり、小中連携校という物的、人的なマネジメント要素が戦略的に取り込まれていると言える。いわゆる中1ギャップの大きな要素である教科学習でのギャップが生じない工夫がなされている。

　また全体研修では、小中学校の全職員が、小中の関連した単元の授業をとおして研修を深めている。特に合同の指導案を作成して一体的な研修を進めていることは、小中学校のよさや課題を踏まえ、より一層の効果を上げる取組であろう。連携を図るという

目標の達成に向けて大変戦略的な学習指導におけるカリキュラム・マネジメントが実施されている。以下に理科の指導案の一部を例示する。

小学校第4学年・中学校第1学年　理科共通学習指導案

　　　　　　　　　　　　　指導者　4年2組　○○　○○
　　　　　　　　　　　　　　　　　1年3組　□□　□□

1　単元名
小学校4年・・・「ものの温度と体積」　中学校1年・・・「物質の状態変化」

2　9カ年の教科の到達目標

○自然の事物・現象に進んでかかわり、目的意識をもって観察、実験などを行い、科学的に探究する能力の基礎と態度を育てるとともに自然の事物・現象についての理解を深め、科学的な見方や考え方を養う。

3　実践する単元の系統

金属、水及び空気を温めたり冷やしたりしてそれらの変化の様子を調べ、金属、水及び空気の性質についての考えをもつようにできるようにする。【物質の温度による変化】	身の回りの物質について、観察、実験を通して個体や液体、気体の性質、物質の状態変化の調べ方の基礎を身につけさせる。【物質の温度による変化】

4　単元目標

小学校4年	中学校1年
○金属、水及び空気の体積は、温度が高くなると増して、温度が低くなると減ることを理解できる。<略>	○物質は融点や沸点を境に状態が変化することや沸点の違いによって物質の分離ができることを見いだすことができる。　　<略>

第4章　実践事例2

5　児童生徒の実態	
児童の実態	生徒の実態
○「閉じ込めた空気や水」の学習において、目には見えない空気を粒として考え、図で表現する活動を行っている。　＜略＞	○状態変化の実験結果から現象や規則性を見いだすことはできるが、実験、観察を考察としてまとめ発表するのは苦手である。　＜略＞
6　教材観・方法観	
○記号や言葉を使って図で予想を表現し、抽出したモデル児が考えを説明することで、自分との考え方の違いを明確にする。＜略＞	○考察を書くことに困難を感じる生徒もいるので、班活動で協力しながら考察させ、思考が明瞭な意見を発表させたい。　＜略＞

＜以下は、小中学校別の指導案となるので省略する＞

　以上述べたとおり小中の連携という学校教育目標と校内研究テーマが整合性を持っており、佐古（2013）が学校の組織がうまく動くための条件の一つにあげている「学校ビジョンと研修を一体化させること」が図られ、学校改善に結びついている。
　筆者が参観した中学校の校内授業研究会においては、小中学校全員の参加者が観点ごとに付箋紙に記入して授業分析を行うなど細かなシステムが取り入れられていた。中学校3年生であったが、発表の仕方など、小学校から段階的に身についている姿が、自然な形で見られるなど、小学校から中学校の連続性が散見された。また外部講師に小学校と中学校の専門家を招聘して協議会を実施するなど、日常的に小中連携が図られ、教師の研修に取り組む学校文化が醸成されていることが伺われた。これらの成果が、後述する保護者アンケートの「先生がわかりやすい授業づくりに努めている」と約95％の保護者が評価していることにも現れている。
　この実践事例からは、小学校と中学校にありがちなシステムの

違いを統合することにより互いの相乗効果を高める形で結実し、いっそうの効果を上げており、そのためにはマネジメントサイクルを適切に循環させることが必要となる。施設が離れている学校においても小中学校の連携の取組は進められているが、モデルとして参考になる実践である。

(4) C・Aの段階 （カリキュラムの評価と改善の実施）

C 小中学校では、年度の終わりに小学校中学校の全保護者を対象に、A～Dの4件法でアンケート調査を実施して結果を学校便りで公表している。表21 は、アンケート項目のうち、本実践に関係していると思われる項目を取り出したものである。

表21　学校アンケート（平成25年度）から

※保護者数（849名）

	保護者の意見（％）			
	A	B	C	D
①学校は、小中連携教育に取り組み、特色ある教育活動を行っている	48.6	44.9	6.4	0.1
②学校の教育方針や教育活動を理解している	24.2	66.0	9.6	0
③子どもは学校に行くことを楽しみにしている	54.4	39.0	6.0	0.6
④子どもは自分の学級は楽しいと言っている	53.2	38.4	7.2	1.3
⑤子どもには仲の良い友達がいる	67.4	28.6	3.8	0.1
⑥子どもは学習の内容を理解し、学習に対して意欲的である	37.3	49.4	12.4	0.9
⑦子どもは自分の考えや思いを表現することができる	31.1	49.2	19.1	0.6
⑧子どもは宿題や家庭学習などを頑張っている	49.5	40.2	9.3	1.0
⑨先生はわかりやすい授業に務めている	44.5	50.4	4.8	0.3

すべての項目で高い評価を得ている。特に⑥の項目で、子どもが学習内容を理解して意欲的であると8割以上、⑨の項目で先生がわかりやすい授業に努めていると9割以上の保護者が評価していることは、教科カリキュラムや意欲的な小中合同の授業研究などをとおして、校種間の連携カリキュラム・マネジメントの成果であると推察される。学校長も「毎月1回は授業参観を実施して保護者に授業を公開していることや小学校との連携をとおして、中学校になっても自然な形で、授業方法等に継続性が見られることが保護者に評価されているのではないか」と述べている。さらに「学校の自己評価」を実施し、学校サポーター（学校評議員）に、A～Dの4件法で学校関係者評価を実施し、表22のように学校便りで公表している。

表22　学校評価

項目	目標	自己評価	学校関係者評価
教育課程・学習指導	言語活動の充実と考える力の育成	A	A
生徒指導	人間関係力・生活の力の育成	B	B
保護者・地域との連携	保護者地域との信頼関係づくり	A	A
小中連携教育の推進	児童生徒数増加への対応	A	A

施設一体の小中連携教育の取組に高い評価が与えられており、重点化を図った学校経営マネジメントが職員や保護者地域に根付いており、効果的な学校改善が推進されて保護者・地域の信頼を得ていることが推察される。

また、小中連携教育で効果があるとされている中1ギャップ

の解消面では、毎年、不登校生徒は数名いるかいないかという状況である。この要因としては、人的環境や物的環境、さらには教育の内容系列の円滑な接続により適切な指導がなされていると考えられる。特に学習面でのつまずきの解消に、連携したカリキュラム・マネジメントが有効であると考えられる。

　課題としては、常に小中学校の生徒が共に生活しているので、「ギャップや段差は見られない反面、中学校になって大きく羽ばたくという面が余り見られないので高校に進学してから多少の不安がある」とのことである。さらに現在、児童生徒数が、小学校で900名、小中学校合計で1300名に達している。この児童生徒数の急激な増加によって、「小中の一体的な教育活動が十分できなくなってきていることが最大の課題である」と校長は述べている。今後、校舎の分離等も検討されているようである。どのような形で校舎を分離していくのかも教育委員会と校長に課されたマネジメント上の課題であるといえる。これは全国的に多く見られる、子どもの数の減少に伴い設置された小中一貫校などにはみられない問題であるといえよう。

第2節　コミュニティ・スクールにおける実践事例

　春日市は、人口150万人を超える政令指定都市である福岡市の南に隣接する、人口約11万人の住宅都市である。福岡都市圏のベッドタウンとして発達してきた地方都市の一つである。私鉄の2つの基幹路線が市内を通っており、福岡市への通勤の利便性は大変よい。一方、自衛隊の基地や古くからの灌漑用のため池も散在するなど里山も残る、いわゆる新興住宅地である。春日市立D中学校は、市内の中心部に位置し、生徒数は700名を超え、

第4章　実践事例2

部活動も盛んで創立50年になる文武両道の伝統校である。
<ヒアリング調査>　平成26年8月にD中学校を訪問し、F校長からヒアリングを実施した。また同日、F大学を訪問し、I教授からヒアリングを実施した。
※本実践事例では、このほかD中の研究資料やホームページで公表されている資料等を引用した。

(1) Rの段階　(学校課題の明確化)
○国や教育委員会の動向から

　文部科学省教育制度改革室(2008)[32]は「コミュニティ・スクールは法令上の『学校運営協議会』の設置された学校の通称で用いられると同時に学校運営協議会制度そのものを指す」としている。この制度は、学校運営に保護者や地域住民の意見を反映しようという理念のもとに設置され、全国に急速に広がっている。文部科学省の集計では、全国的に、平成25年4月現在で、幼稚園62、小学校1028、中学校463、高等学校9、特別支援学校8の1570校のコミュニティ・スクールがあり、学校設置者数は、4道県、153市区町村となっている。

　福岡県春日市においても平成17年度に3校、平成18年度の4校、平成19年度に2校、平成20年度に5校、平成21年度に3校、平成22年度に1校と、教育委員会が順次指定を行い、管下すべての小中学校をコミュニティ・スクールとして全市あげて取組を行っている。事例のD中学校は、平成21年度から指定を受けている。

　春日市における学校運営協議会の位置づけは協働・責任分担方式をとっている。これは「校長のリーダーシップのもと学校職員と運営協議会とで協議し合いながら学校運営方針を決め、ともに責

第2節　コミュニティ・スクールにおける実践事例

任と役割を分担していく方式で・(中略)・・運営協議会の性格は、校長の良き理解者、学校の応援団として、または協働者として承認・協議・参画・評価という役割を担っている」(山本2011)とする。つまり運営協議会は、校長の上位に位置する組織ではなく、校長と並列的な位置づけとなる、いわゆる協働・責任分担方式である。

　現在、学校評議員制度が多くの学校で導入をされている。コミュニティ・スクールとはどのような違いがあるのか、春日市教育委員会教育長の山本（2011）[33]は、表23のように整理している。

表23　コミュニティスクールとそうでない学校の対比

対比の観点	コミュニティ・スクールでない学校	コミュニティ・スクール
①学校観（学校のとらえ方）	○学校を中核にして学校で子どもを育てる教育観	○学校を中核として校区（ドーム）で子どもを育てる共育観
②学校の役割	○子どもに生きる力を育てる教育の場としての学校	○子どもに生きる力を育てる教育の場としての学校＋地域活性化としての学校
③学校の教育目標・課題のとらえ方	○学校の占有物	○学校・家庭・地域の共有物
④学校と地域の関係	○地域による学校支援関係	○地域による学校支援関係＋学校・地域の協働関係
⑤学校への住民意向	○校長の求めに応じて評議員等の意見聴取による学校運営への反映	○住民意見の学校運営への反映と住民参画のシステム化
⑥カリキュラム（教育課程）	○地域の教育資源（人・もの・こと）活用　○隠れたカリキュラム（言語・美化・学習・生活環境）	○地域の教育資源（人・もの・こと）活用＋生涯学習の場の提供　○隠れたカリキュラム（言語・美化・学習・生活環境＋地域情報環境）
⑦校長の経営範囲	○学校内経営	○学校内経営＋家庭・地域とのつなぎの経営

※春日市教育委員会編著「コミュニティ・スクールの魅力」（ぎょうせいp3）より引用

第4章　実践事例2

　この特徴としては、まず学校は子どもを育てるところという今までの学校観から、校区（ドーム）で子どもを育てるという点があげられる。このことについては、学校の教員をはじめ保護者や地域住民の意識の変革が求められる。山本（2011）[33]は、意見交換会の中で、自治会の役員とのやりとりを次のように紹介している。
　（自治会役員）：「子育てや教育の主体は誰か。地域にあるものか。そうではないと考えるがどうか。教育長の考えを聞きたい」。
　（教育長）：「学校教育の主体は学校であり、家庭教育の主体は保護者（親権者）である。地域はあくまでもその支援者である。とりわけコミュニティ・スクールにおいては、地域は学校の支援・応援団として支援機能を発揮していただくことが期待されている。家庭には子育ての主人公としての役割が課せられている」
　併せてコミュニティ協議会（運営協議会）すべてに、教育委員会から専任の指導主幹（退職校長を市の職員として採用）をメンバーとして参加させ、学校、家庭、地域、教育委員会が一体となって、全市的な取組を推進するなど、春日市においては、山本教育長の変革的なリーダーシップのもと、戦略的、精力的にコミュニティ・スクールの取り組みが進められている。

○学校の経営方針から
　D中学校では、生徒の実態や保護者・地域の願いなどをふまえ、学校長が次のような教育ビジョンをコミュニティ協議会（運営協議会）に提示し、協議を経て承認を得ている。いわゆる協働・責任分担方式である。したがって学校教育目標に「目指す地域像」や「目指す家庭像」があげられて、学校・家庭・地域でのミッションの共有化が図られている。この点が今までの開かれた学校づくりとは、大きく異なる点である。従前の学校長の経営方針には、

学校の教育が中心であり、地域の目指す姿や家庭の目指す姿は含まれていない。なぜなら学校の使命は、子どもの育成だからである。しかしコミュニティ・スクールは、学校とともに地域や家庭が、共に子どもを育てていこうとする、いわゆる共育を目指しているため、三者で目標の共有化が行われていると考えられる。当然、取組におけるPDCAサイクルの様々な情報は、学校のホームページ等で広く公開している。本稿においては、D中学校のホームページで公開されている情報を逐次取り上げて、事例研究を進めていくこととする。

校長の教育ビジョン

「人間力」を育成するコミュニティ・スクールの創造

〜学校・家庭・地域をつなぐ「鍛える教育」をとおして〜

○「人間力」の育成

　本校が目指すものは、生徒の「学力・体力」だけでなく、「将来を展望する力（未来志向力）」や「社会に貢献する力（社会関係力）」など、人間としての総合的な力を意味する「人間力」の育成です。

【学校教育目標】
「人間力を培い、地域に貢献できる生徒」
【重点目標】
　①学力・体力の向上　②未来志向力の向上　③社会関係力の向上
【目指す生徒像】
　①学力や体力を伸ばす生徒　②将来の生き方や進路の実現を目指す生徒
　③社会のために人に役立つ生徒

○学校・家庭・地域をつなぐ「鍛える教育」とは
　コミュニティ・スクールとして、学校・家庭・地域それぞれの役割の明確化を図り、学校の役割を「人間力を鍛える」、家庭の役割を「自立

心を鍛える」、地域の役割を「社会性を鍛える」と位置づけ、「鍛える」をキーワードに、三者の連携を図る取組を実施しています。

　学校・家庭・地域それぞれの本校が目指す「人間力」を育成する方策として、「目的の設定」→「努力」→「目的の達成」→「より高いレベルの目的の設定」→「努力」・・・・という繰り返しによる「鍛える教育」を実践します。これは言い換えると「成功体験」の積み重ねとも言えますが目的達成における達成感を味わうことで、「やる気」や「努力」という新たな駆動力が生まれます。

【目指す学校像】：「人間力を鍛える」
　・生徒を鍛える学校　　　・地域に開かれた学校
　・家庭・地域に信頼される学校
【目指す家庭像】：「自立心を鍛える」
　・生徒自身に考えさせる家庭　・生徒自身に行動させる家庭
　・生徒自身に責任をとらせる家庭
【目指す地域像】：「社会性を鍛える」
　・目標を共有化する地域　　　・生徒の出番・役割を与える地域
　・生徒の安全を見守る地域

　「人間力」の育成や「コミュニティ・スクールの創造」というキーワードや「地域に貢献できる生徒」という学校の目指すべき姿がビジョンとして示されている。

　このように先進的な学校づくりにおいては、学校長は、「強いリーダーシップをしっかり発揮して、明確なビジョンや見通しを学校のウチとソトに示し、目標を達成していく熱意と力量が必要である」と述べている。特に新しい公共型の学校づくりを標榜しているＤ中学校では、このことが不可欠である。スクールリーダーにぶれがあると変革は進まない。ヒアリングからもその情熱は十分

に感じられた。また、F校長のキャリアをたどると、以前、同市でコミュニティ・スクールを先導的に取り組んだ別の中学校で教頭を務め、実務的な運営者として活躍するなど豊富なキャリアがある。このような人材を校長として配属することで、明確なビジョンや戦略を所属職員や地域・保護者に周知し、組織的な取組ができる。ここに教育委員会の戦略的な人事マネジメントが伺われる。

F校長は、「自らの教育ビジョンの達成のため、一人ひとりの職員に対して、目標や課題を与え、それが実現していくよう具体的に支援をしていくことが大切である」と述べている。変革的でありながら、時には教授的なリーダーシップを発揮している。まさにOJTを通して、部下職員を育成しながら学校づくりに取り組んでいる。

本稿では、コミュニティ・スクールの特性を生かした地域や地元の大学等との関わりに焦点をあてて、カリキュラム・マネジメントの実際を探ることとする。

(2) Pの段階　（カリキュラム開発の組織的な取り組み）
○組織構造から

図17にしめすように、組織の特徴は、上部組織である基本方針を協議・決定する場としてのコミュニティ協議会（学校運営協議会）と具体化を図っていく実行部隊であるコミュニティ推進委員会が位置づく。これらは、対外的な組織である。これと校内の組織が円滑に結びついていくことが、コミュニティ・スクールの目標を達成するためには重要である。そこで、協議会・推進委員会組織と校務分掌組織が関連するよう学校の地域担当教員がコーディネータの役割を果たしている。地域担当教員は、教務主任経験者でありミドルリーダーとしての力量を備えている人材が配置

されている。校長の方針により、授業を担当しない日が設定されるなどの配慮がされているため、定期的に地域の公民館等を訪問して地域との連絡調整が円滑に実施されている。校内の調整役は、主幹教諭が行っている。学校内外の連携という、コミュニティ・スクールの基盤づくりのため、優れたミドルリーダーを配置することで、学校長の経営方針の具現化が進んでいる。ここでは、学校長は、分散型のスクールリーダーとして位置付いている。

また町内ごとの縦割りの生徒組織を部伍会組織として立ち上げ、生徒会組織に位置づけている。このことで多くの生徒が主体的に地域行事に参画できる工夫をしている。この組織マネジメントが地域単位の活動の活性化に結びつき、地域の方と生徒との主体的な活動が展開されている。課題であった、職員の負担感を軽減するため、部活動の主担当教員は、地域行事への関わりを減らし、部活動の副担当教員が地域への関わりを主として行っている。地域行事は休日に実施されることが多く、中学校では、部活動との両立が課題となっていた。

学校長の優れたビジョンとリーダーシップの基、ミドルリーダーが知恵を出しながら、チームとしての学校が確立されている。

平成26年度の第1回のD中コミュニティ協議会（運営協議会）では、委嘱状の交付がされた後、昨年度の重点目標である、学力・体力の向上、未来志向力の向上、社会関係力の向上の達成状況が前年度の学校評価によって説明された。次に、地域行事における達成状況がおなじく学校評価によって説明された。さらに学校長の経営方針・年間計画の説明がなされ、質疑応答等が実施された。委員からは、本年度から実施予定の「2学期制のよさ」や「D中塾の内容」についての質問がだされるなど協議が深まり、学校経

第2節 コミュニティ・スクールにおける実践事例

営の共通理解が図られた。

このように学校、家庭、地域が共通の課題意識をもち、共通の方向性を確認することによって、「共育」の推進が図られる組織となっている。ここに学識経験者や行政関係者が参加することで、専門的なアドバイスや教育行政面からの支援が行われる仕組みづくりが行われている。

組織を機能的に運営していくための人的マネジメントとして、コーディネータの役割を果たす地域担当者に「有能な人材を得ることやOJTにより資質向上を図る」ことが重要であり、教育委員会への人事関係の具申の中心になると学校長も述べている。

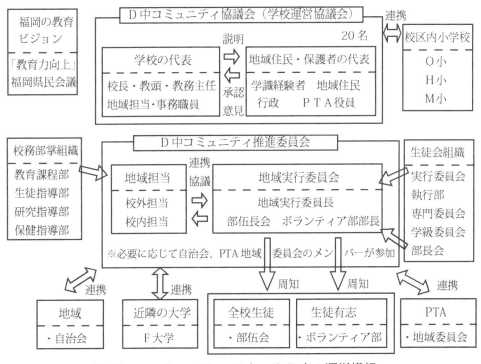

図17　コミュニティ・スクールD中の運営構想

第4章　実践事例2

　次に、協議会終了後に実働組織である推進委員会が開催される。ここでは、自治会長さんをはじめとする地域の代表者と生徒代表の部伍長が、夏休みの地域行事について打ち合わせを行った。ここで企画をしっかりたてておくことで、部伍会などの具体的な動きへと円滑に結びついていく。地域の大人と生徒のリーダーシップが重要となる。従前は、どの学校でもこのような生徒の部伍組織があったが、最近ではみられなくなっている。コミュニティ・スクールの推進のため新たに組織された、いわば地域行事の企画のためのプロジェクト組織としての機能を果たしている。生徒に企画段階から参画させることで、自主的な参画意識を醸成している。このようにして一層の社会性の育成が図られる仕組みづくりがされている。中学生になると地域への参加がなかなか進まないという当初の地域の課題解決のために、生徒会組織に位置づけ、企画段階から生徒を参画させるこの組織は有効である。

　学校長は、「今後この組織を有効に活用して、生徒の社会性を育んでいきたい」としている。併せて、職員が生徒の引率に同行するという形態ではなく、「地域の方と子どもたちの自主的な地域活動を育んでいきたい」との構想を持っている。

　D中では、コミュニティ・スクールの発足当初は、地域行事への参加がなかなか進まず、部活動を中心とするボランティア組織で地域行事へと参加してきた。現在では、それがより発展的なシステムとなっている。部伍会の活動は、地域の子どもたちが地域を基盤として活躍し成長するというコミュニティ・スクールの狙いにあった取組として評価できるものである。

　以下に主だった、取組をあげる。

> ○全校生徒による部伍会組織の設置・地域行事への参加・支援
> ○生徒有志によるボランティア部の設置
> ○生徒会組織に地域実行委員会の設置　○職員の校務分掌組織の見直し
> ○保護者・地域の方が参加する大人参加型授業（D中塾）の実施
> ○部活動ごとのボランティア活動　○F大学との連携事業の推進
> ○地域や大学と連携した鍛えるプロジェクトの実施

（3）Dの段階　（具体的カリキュラムの実施）
○学校・地域・保護者連携による取組
・総合的な学習の時間を活用した大人参加型授業「D中塾」
　「地域とのつながりの充実」「家庭とのつながりの充実」「継続した取組」をねらいとして、学校・家庭・地域が連携した大人参加型授業を企画している。校内の教育課程部が総合的な学習の時間に位置づけて内容を企画し、4月の職員会議に提案をしている。教科の特性や先生の長所を生かして、一人一講座、全21コースを開設している。その際ゲストティーチャーや受講者として、地域や保護者に呼びかけを下記のように広報誌をとおして実施している。

> コミュニティ・スクールD中学校
> 大人も一緒に楽しい授業を受けませんか！
> 〜「大人参加型授業」参加者募集〜
> 　本校では、「D中塾（総合的な学習の時間）」を活用して21講座を開設し、保護者や地域の方が生徒と一緒に学ぶ大人参加型授業づくりを行います。
> 　つきましては、下記により申し込みください。
> 　　　　　　　中　略
> ＜日時＞ 平成25年9月〜12月　・毎週木曜日　15:30〜16:20(全10時間)
> ＜提出先＞各自治会の公民館

第4章　実践事例2

　開設講座とゲストティーチャー、保護者参加講座は、次の通りである。

講　　座
・書道に親しもう　・百人一首　・歴史能力検定を取得しよう
・英語講座　・自分たちの手でDVDをつくろう　　・数学パズル
・ユニット折り紙で多面体をつくろう　・ゴルフを楽しもう
・ソフトボールをきわめよう　・手話で遊ぼう　・そろばん　・お筝教室
・人権って何だろう　・昔の外遊びで汗をかこう
・3×3バスケットボール塾　・ヒップホップダンス　・フットサル
・ロボットコンテスト　・アイディア壁画　・アナウンス・朗読　・卓球

ゲストティーチャ一覧	
そろばん	ちくし台自治会から
書　道	保護者から
手　話	手話の会
筝	光町自治会から
アナウンス	F大学准教授
英語	F大学大学生

保護者等受講一覧	
書　道	保護者2名
DVD	保護者3名
英語	保護者1名、地域1名
バスケット	地域1名
人権	地域1名

＜参加者の感想から＞
・いろいろな字を練習して筆遣いがなれてきた気がします。年賀状の表面も小筆を使ってきれいに書くことができ、苦手だった小筆が上手に使えるようになりました。(生徒)
・教室での学びは懐かしく、いい時間が過ごせました。(保護者)
・文化発表会に子どもたちと一緒に参加させていただけるとうれしいです。(保護者)

○地域連携事業の推進
・D中学校区自主防災合同訓練(T小学校、K小学校、D中学校、10地域自治会、K市道路防災課、K市消防署、陸上自衛隊、消

第2節　コミュニティ・スクールにおける実践事例

防団等）

　地域行事で特徴的なものとして、中学校校区単位の防災活動があげられる。地域の自治会を中心に関係団体が連携して、活動を行っている。「地域の安全は地域の中で守る」を合い言葉に、すべての 10 自治会で同日に実施している。平成 25 年度は、実施場所は、8 地区が公民館、1 地区が公園、1 地区が水道事業団となっている。参加した中学生は、10 地区で 235 名（全校生徒の３４．２％）になっている。3 年前から学校が参加しているが、当初は参加体制が十分できていなかった。しかし実行委員会組織や部伍会などを活用して参加体制が充実してきている。

＜主な流れ＞

　児童生徒たちは、事前確認をもとに自分の地区の公民館に集合して、指揮者の指示のもと、K 小学校へ避難する。会場では人員点呼の後、防災体験、見学を行う。終了後は、豚汁の炊き出しなどがあり、総勢 465 名の子どもたちや大人たちが地域住民として交流をはかり、防災意識の基盤となる地域コミュニティづくりをおこなった。このように小学生や中学生も参加する防災訓練をとおして地域づくりや子どもたちの社会性育成が図られている。

　ここでは小中学校の学校長と地域組織のリーダーによるリーダーシップが、十分機能しており、今日的な課題である防災への備えをとおして地域コミュニティづくりが進められている好例である。特に校区に駐留している陸上自衛隊の参加を得ていることで充実した防災教育カリキュラムともなっている。

　訓練終了後の、10 地区の自治会長に、4 件法と自由記述による簡単なアンケートを実施した結果を表 24 に示す。

第4章　実践事例2

表24　アンケートの結果　　　　N＝10

		平均値
①	元気に挨拶はできていたか	3.7
②	時間を守った行動ができたか	3.9
③	目的意識をもって参加できたか	3.1
④	話を静かに聞くことができたか	3.6
⑤	主体的に行動できたか	3.1
⑥	避難についての理解ができたか	3.2

○部伍長の指示に従い、整列・行動しているのに感心しています。小学校の学校運営委員や交通安全等、子どもに関わることで、1年生を小学校の頃からみていますが、1学期でずいぶんと成長したのがわかります。特におとなしかった、Sくんが積極的に土壌づくりに参加しているのをみて、うれしく思っています。今後地区行事に参加して、いろいろな知識を身につけて頂きたいと思います。

○避難するとき、「2列になって」との指示を最後まで守っていたのには感心しました。訓練中も率先して参加し体験をしていました。活断層の話をしているのを耳にし、災害についてもある程度の意識を持っているなと感じました。

○前日の雨でグランドコンディションも良くありませんでしたが、多くの中学生の参加の下、①水防訓練②消火訓練③機材展示④担架訓練⑤救急処置法について予定通り実施しました。生徒は各訓練に積極的に参加していました。防災に対する危機意識を高めるとともに、人的・物的な面で「日常的な備え」をしておくことが大変重要であるということを学んでくれたことだと思います。

●次回からは、訓練内容等を早めに打ち合わせ、生徒たちにも目的意識をもってもらう必要があると思います。

●特に三角巾の使用法は重要だと思いました。ぜひ体育の授業等で教えてください。
●あらかじめ生徒に訓練の趣旨を十分に伝えておくべきだと思いました。

　自治会長のコメントからは、積極的な参加は評価されている。課題として、事前の説明等、今後学校教育の防災教育への提案もなされており、学校の避難訓練等とのカリキュラムの連携が図られていくものと思われる。地域の安全は、子どもを含めた地域住民が担っていくとの課題意識がこの行事をとおして醸成されていることがうかがい知れる。

○F大学との連携事業の推進
　中学校と大学の連携は、中学校のF校長と地元のF大学の教職課程、主任教授のI教授（教職支援センター長）のトップマネジメントで進められた。2人のリーダーの基本的なビジョンは「双方にWin Winの関係をつくりたい」ということである。互いにメリットがないと負担感ばかりが生じて決して長続きしないという考え方のもとで進められた。中学校はコミュニティ・スクールの地域連携の視点から、大学においては教員養成課程での隠れたカリキュラムとして、変革に対して積極的な二人のリーダーシップによって実現されたといえる。この成果は、春日市教育委員会の教育長とF大学の理事長を動かし、両者の間で教育実践研究に関する協定書を締結することに結実した。マネジメントが先行して、様々なカリキュラムが開発され実施されることになる。連携事業の主なものは以下の通りである。

第4章　実践事例2

> ①専門性を生かした学生
> ・大学生自身の運営による学習会（放課後学習、土曜日、夏休み等）
> ・授業のサポート（特別支援学級を含む）
> ②心理学専攻の学生
> ・スマイルルーム（不登校生徒対応の教室）の支援
> ③メディア専攻やコンピュータが得意な学生
> ・ホームページの作成
> ・コミュニティペーパー（学校の広報誌）の作成

　このように学生の特性を生かして参加させることで、学生自身も力を発揮できるとともに中学校にとっても教員の補佐をする人的な戦力となるようマネジメントに工夫がなされている。教職員が多忙観を感じている学校現場において、人的な支援が必要な領域に、学生が特性を生かして参画するようプログラムされており、教員からも大変歓迎されるようカリキュラム・マネジメントの工夫がなされている。ここでは中学校の主幹教諭（教務担当）がカリキュラムマネージャーとして位置づけられており、円滑に教育課程の中に連携事業が取り入れられるようマネジメントされている。大学側も将来中学校で教職に就くことを希望する学生に、学校現場と早期より関わらせることで、「教職への意欲の高まりとともに、大学の授業への取り組む姿勢も積極的になった」とI教授は、述べている。F大学の教職課程では、学生主体の演習形式のアクティブラーニングに力を入れており、学生の実践的指導力育成等に寄与しているとのことである。機関連携事業においては、このように双方にメリットが感じられるカリキュラム開発をする

第2節 コミュニティ・スクールにおける実践事例

マネジメントが重要となる。以下に具体例を示す。
＜中学校にメリットを及ぼすカリキュラム＞

平成25年度は、4月‥9名、5月‥25名、6月‥9名、7月‥9名、9月‥7名、10月‥21名と日常的・継続的に大学生が中学校を訪問して、さまざまな支援を実施している。

表25はある週の連携授業の割り振りを示したものである。

表25　担当授業の割り振り

曜	名　前	連携内容	交流時間
月	学生A	部活動	16:00～部活動終了時間
火	学生B	社会	14:00～（又は水曜16:00～）
	学生C	部活動	
水	学生D	国語	午前中
	学生E	国語	
	学生F	英語	
	学生G	英語	
	学生H	英語	
	学生I	英語	
	学生J	英語	
	学生K	英語	
	学生L	部活動	16:00～部活動終了時間
木	学生M	部活動	16:45～部活動終了時間

F大学は、英語教育と国語教育に大学の特徴があり、教職課程の学生は、中学校の英語や国語の教員になることが多い。したがって英語や国語の授業にゲストティーチャーやアシスタントとして参加している。事前の打ち合わせなどもよく実施されており効果を上げている。これも中学校のすぐ近くに大学が所在しており、頻繁に交流が図れる地理的メリットを活用した、地域の教育機関連携のモデルとも言えよう。

さらに大学にとって、次のようなメリットも生まれている。
＜大学側にメリットを及ぼすカリキュラム＞
・学校長が大学生対象に学校教育の講話
　中学校教員を志望している学生対象に、現職の学校長が中学校教育について実践的に講義をすることで、学生の教職への意欲を喚起する狙いがある。I 教授によると、「この講座の後では、講義により意欲的に参加するようになり、教職実践講座では、現職の校長の講話は大変有効であり、大学としても大変ありがたい」と述べている。
・中学校教育を対象とした卒論
　（テーマ例：「学校図書館の経営」「リーダーの育成」「中高連携した英語教育」「英語科の教科指導の在り方」「教科授業における道徳心の在り方」「演劇をとおしての道徳教育」「不登校支援のカウンセリング」等）
　I 教授の専門領域は教育臨床であり、近くの中学校を舞台に卒論研究をすることで、実践的な研究がすすめられている。

（4）C・Aの段階　（カリキュラムの評価と改善の実施）
○学校関係者評価結果報告書（学校ホームページをもとに筆者が作成）
　学校の自己評価及び各種データーをもとに学校関係者評価がなされ、学校教育目標の重点目標である「学力・体力の向上」「未来志向力の向上」「社会関係力の向上」の3点の達成状況が、表26、表27、表28にまとめられて、ホームページをとおして公表されている。このようにアカウンタビリティを果たしていくとともに改善の取組の方向性が明示されていることがカリキュラ

ム・マネジメント機能として重要な要素である。これらが学校改善へと結びつき、学校の信頼が構築されていく。

　　※評価基準　A＝十分である　B＝まあまあ十分である
　　　　　　　　C＝まだ不十分である　D＝不十分である
　※学校評価委員からのコメントには、要望・改善策・期待等を記入
　　（数値は％）

＜学力・体力の向上について＞

表26 評価結果

評価項目	改善の方向性	学校評価委員からのコメント	A	B	C	D
学力テスト	学年平均は伸びているが、二極化解消のため、少人数指導や家庭学習の充実。	中学校進学後の学力の伸びはすばらしい。体力は小中学校とも課題は共通しているので連携が必要。	29	71	0	0
サクセスダイアリー	1、2年生の学習時間が減少しているので、学年＋1時間を目標に取り組みたい。	学力テストの結果からも指導の充実がわかる。3年の家庭学習の伸びが顕著だが自己評価は低い。	13	74	13	0
生徒による授業評価	目的意識は高いが活動・まとめの評価が低いので、活動の充実とまとめ方の工夫を図る。	自己評価で80％を超えているが、Aに近いかBに近いかで評価が変わる。	12	76	12	0

第4章 実践事例2

評価項目	改善の方向性	学校評価委員からのコメント	A	B	C	D
保護者・地域・小学教諭の授業評価	評価値は向上しているが「理解」が3.5を下回っているので活動の充実とまとめの工夫をする。	中学校進学後の伸びがすばらしいので、中学校の取組で参考にするところが多々ある。	12	88	0	0
体力テストの結果から	全項目50以上を目指し、早朝マラソンや持久走大会で目標を持たせるなど、長期的な取組をする。	体力向上は個人的な取組になるでしょうが、学校で指導してくれれば大変ありがたいし効果も期待できる。	6	24	64	6

＜未来志向力の向上について＞

表27　評価結果

評価項目	改善の方向性	学校評価委員からのコメント	A	B	C	D
全国学力・学習状況調査から	将来の生き方や計画的な進路実現のための系統的な取組や未来塾で社会関係力の育成を図る。	「やり遂げてうれしかったことがあるか」と「難しいことでも挑戦しているか」でのばらつきは考えさせられる。	35	65	0	0
生徒の感想（未来塾）から	将来の生き方や計画的な進路実現のための系統的な取組や未来塾で社会関係力の育成を図る。	未来塾はすばらしい取組。講座増は大変だが生徒のニーズにあった講座があるとベストである。	24	76	0	0

評価項目	改善の方向性	学校評価委員からのコメント	A	B	C	D
キャリア教育アンケートから	将来の生き方や計画的な進路実現のための系統的な取組や未来塾で社会関係力の育成を図る。	キャリア教育を評価することはとても良い。働くことの意識がどう変容したかが表されるともっとよくわかる。	20	73	7	0

＜社会関係力の向上について＞

表28　評価結果

評価項目	改善の方向性	学校評価委員からのコメント	A	B	C	D
全国学力・学習状況調査から	「地域に積極的に参加する」を目指し推進委員会を機能化し、組織的・計画的な事業にする。	「地域や社会の出来事への関心」と「地域や社会をよくするために何をすべきか」の関連性の指導をお願いしたい。	18	76	6	0
地域行事への参加から	「地域に積極的に参加する」を目指し推進委員会を機能化し、組織的・計画的な事業にする。	地域行事へ参加は、まだまだやらされ感が強い。中学生には、自ら動く、自ら発信することを考えて欲しい。	24	58	18	0
自治会長の活動評価から	「地域に積極的に参加する」を目指し推進委員会を機能化し、組織的・計画的な事業にする。	中学生の参加は増えている。部伍会で活動しているが、自然に行事に参加し、地域を考えるよう自治会も努力する。	18	64	18	0
アセス（心理検査）の結果から	「地域に積極的に参加する」を目指し推進委員会を機能化し、組織的・計画的な事業にする。	自主的に考える力の絶対値が低いので、その力を養うよう奨励して欲しい。	8	84	8	0

第4章　実践事例2

　コミュニティ推進委員を中心とする学校評価委員によって、おおむね高い評価が得られている。評価委員から①「体力・学力」の項では、中学校の成果を評価するとともに小学校と連携すること②「未来志向」の項では、生徒の勤労観の変容を明らかにすること③「社会関係力」の項では、中学生に、さらに主体的な地域参加意識を醸成することなどの建設的な提案がなされた。これらは、コミュニティ・スクールの特性である、地域も子ども育成の当事者としての意識の表れであると推測できる。学校と地域がともに子どもを育成することを考えている姿勢の表れであろう。また「生徒が地域を考えるよう自治会も努力していく」という自治会側の課題意識は、学校の働きかけによって、地域が変わっていく萌芽でもあるといえよう。

○さらなる連携を目指す組織構造の改善方策
　学校長は、「地域や大学との連携を強化していくため推進委員会に地域と大学の代表者を加えて、スピード感や機動力の向上を図りたい」と図18のように構想している。このように組織構造を戦略的にかえるという組織マネジメントを実施することで、子どもの成長を促進するカリキュラム開発が実施されていくと期待できる。ここでは、学校長の変革的リーダーシップが十分機能したと推察できる。カリキュラム・マネジメントの充実のため、組織構造を変えていくことは、人的マネジメントとも関連する効果的な手法である。プロジェクト型の実働組織の機能を高めて、より一層の教育効果を狙った取組と言える。

第2節　コミュニティ・スクールにおける実践事例

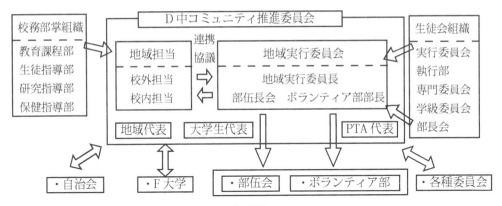

図18　組織構造

　また学校長は、「コミュニティ・スクールにおいて、特に、子どもたちの社会性を育成していきたい」としている。今後は、上記の組織の機能化を図るとともに、学校のカリキュラムにも社会性の育成プログラムを取り入れ、体験活動との関連を図りながら、ビジョンの実現を目指している。学校が地域を変えていくという目標に向けて、子どもの市民性や地域の貢献力を高めていくことで、地域の教育力の向上を狙っている。地域の教育力が向上することで、学校力も高めていこうという構想をもっている。

　学校と地域が互いにWin、Winの関係になることが、コミュニティ・スクールが深化・発展していく原動力になるのだと考えられる。

○全市的なコミュニティ・スクールの成果

　学校と地域をつなごうとする新しい公共型の学校であるコミュニティ・スクールは首長のビジョンやリーダーシップがなければ推進することはできない。

　井上春日市長（2011）[34]は、コミュニティ・スクールの取組の

背景として以下のように述べている。「『市民がまんなか』という信条のもと11年目を迎える『市長出前トーク』があります。毎年、35地区（自治会）に出かけ、地域の方々と意見を交わし、様々な疑問や要望にお答えし、提言をお受けする取組です」このような取組をとおして地域づくりがなされていることは、コミュニティ・スクールの基盤となっている。

また市長は「全自治会が学校経営に主体者として参画するこの構図は、『うちの学校』という共通語をとおして、『うちの子どもたち・うちの保護者』という共通の意識を生み出し、多くの市民が積極的に子どもたちに関わりながら地域の活性化が図られている」という評価をしている。市長出前トークでのある自治会長は「わが地域の街づくりは学校を中心にすすめる。子どもが変われば親が変わる。地域が学校と連携して子育てに関われば、親は地域への関心を高め、地域活動を支える貴重な人材にもなっていく。何よりも子どもが生き生きとしている地域こそ目指すべきまちの姿である。まちづくりは学校から」と挨拶を述べたことを紹介している。このときの所感を市長は「私はコミュニティ・スクールの責任者としての自治会長の自信と自負をみるとともに、コミュニティ・スクールの魅力を改めて感じ、胸が熱くなる思いでした」と述べている。

これらは、春日市、春日市教育委員会の全市あげて、組織的・計画的に「子どもが育つ地域基盤形成」をめざすコミュニティ・スクールの大きな成果である。同時に、トップリーダーが明確なビジョンや戦略をもって、カリキュラム・マネジメントを推進していくことで、子どもが変わり、学校が変わり、地域が変わり、家庭が変わることが、新しい公共型の学校の有り様を示唆していると言えよう。

第5章　研究の成果と今後の課題
第1節　カリキュラム開発の日常化組織モデルの妥当性

　本稿では、カリキュラム開発のための日常的な組織モデルを提案した。8つの多様な教育実践に適合させながら、モデルとしての妥当性を検討してきた。ここでは、妥当性を本モデルの特徴から検討する。

(1)「学校長の関与を明確にしてカリキュラム・マネジメントを促進することで学校教育目標の具現化を狙ったこと」について

　カリキュラムの工夫改善にとどまらず、マネジメントと関連させることで、組織としてのガバナンスが醸成され、個業に終わらず、組織的な活動となる。そのためには学校教育目標との関連が不可分である。ともすれば担当の職員の考えと校長のビジョンとがずれることがある。このような事態にならないためにも学校長の関与は重要である。今回、学校教育目標の具現化のために、学校長としてどのように関与していったのかを研究の視点として事例を分析した。従前からの課題であった、カリキュラム・マネジメントに学校長の関与が十分ではないとの課題意識をもち研究を進めた。学校教育目標の実現のためには、カリキュラム・マネジメントが重要な働きを果たすことを明らかにしたことは成果としてあげられるであろう。

(2)「リーダーシップの型を位置づけたことで柔軟かつ機動的な組織運営が行えること」について

　今回、スクールリーダーシップとして、3つの型を位置づけたことで、柔軟で機動的なマネジメントとなった。特にカリキュラムの具体的な工夫改善や実施は、当然教員が実務をすることとな

る。学校長として、自らのビジョンの実現に向けて、協働化が図られているかを進行管理することや条件・環境整備するというマネジメントが、どの実践においても効果を上げることが明らかになった。このようにカリキュラム・マネジメントモデルにスクールリーダーの型を位置づけたことは、研究としての新規性があるとともに、重要な視点であると提起できたといえる。特に実践事例1におけるA中学校の事例は、基本的に危機管理場面で学校長が中心となって学校経営に取り組む事例である。ここでは、スクールリーダーの学校経営方針の具現化と効果的なカリキュラムが有機的に結びついたといえる。また特色ある学校の事例は、新しい学校づくりへの挑戦であり、職員に負担感や変革への抵抗も予想される。学校長のリーダーシップは、強引さだけでなく、職員からの意見を吸い上げる効果的な運営が必要となる。例えば、コミュニティ・スクールでは、地域行事への参加など、職員の業務負担が増える面がある。この学校では、部伍会などの生徒、地域住民組織を組織して、運営の効率化を図っている。スクールリーダーのマネジメント力が問われることを実践事例は示している。
（3）「カリキュラム開発に学校組織を位置づけて活動のフローを視覚化したこと」について

　学校には日常的にさまざまな組織が存在する。現実的には、これらの組織を効率よく活用することで効果的なカリキュラム開発や実施を行うことができる。基本構造は、「トップマネジメント」と「目標をもったプロジェクト型のチーム」と「全体組織」に整理できる。つまり「個」、「小集団」、「全体集団」という組織の関連を図ることとR-PDCAサイクルにこれらの組織を位置づけたフローを視覚化したことで、カリキュラム・マネジメント推進のた

めの組織構造が明らかになり、「うまくいった要因」や「うまくいかなかった要因」が、どのセクションが十分機能しなかったのかという視点などから、的確に捉えられるようになる。このことで改善の方策を戦略的に策定できるようになると考えられる。

（4）「時間軸や領域などが多様なカリキュラム開発の現状に適合する汎用型であること」について

従前のカリキュラムモデルでは、汎用的になかなか使いづらい面が見られた。例えば研究指定校のような体制ができている学校、教員の意識改革が進んでいる学校もあれば、まだまだ意識が低い学校があるのも事実である。しかし現状では、総合的な学習の時間や特別活動などにおいて、さまざまな取組がなされている。今回提案したモデルは、組織文化が異なる、いろいろな学校に適合できるという意味で価値があるといえよう。

以上述べてきたように、本研究で提案したモデルは、事例研究的に一定の妥当性を有していると結論づけることができる。

第2節　カリキュラム・マネジメントと学校改善の関連

本研究では、学校改善を、中留（2002）[9]の「各学校が子どもの行動変容に対応した教育ビジョンを共有し、これを達成するために、学校内・外の支援を得ながらも、なお固有の自律的な社会的組織体として、学校のウチとソトとの間に開かれた協働文化を形成することによって、自己改善を継続的に遂行していく経営活動である」をもとに研究を進めてきた。この定義に沿って、カリキュラム・マネジメントと学校改善の関係性について考察する。

まず、マネジメントには、目標と実施、そして成果が明確である必要がある。ビジョンの共有は、学校長の学校教育目標が所属

第5章 研究の成果と今後の課題

職員の間でどれほど意識化されているかが重要である。トップの一方的な想いや願いからのトップダウンでは、職員の意識とトップとの間で齟齬が生じる。これでは、それぞれがばらばらの教育活動をすることになり、教育効果の向上や学校改善は進まない。実践1の学力向上の取り組みでは、明らかな学校課題をもとに、リーダーシップを発揮して、焦点化した目標を設定している。課題とリンクしているからこそ、職員に受け入れられ参画意識の高まりとともに、知恵をだしてカリキュラムの工夫改善が行われ、子どもの変容を生み出している。子どもが変容することで職員の達成感や成就感が味わえ、やりがい観や組織への参画意識が高まるという、教師としての本性とでもいう側面を含有しているともいえよう。これを繰り返すことのできる学校組織には、協働的な学校文化が形成されていくと考えられる。同時に子どもの変容の成果をソトに対して情報発信していくことで、保護者や地域住民の学校への理解や信頼が高まる。この取組の過程では、教育目標と関連させたマネジメントサイクルを展開することで、持続的で自律的な学校づくりへと結びついていくのである。以上、述べた活動サイクルの循環が、自己改善を継続的に実施している学校の姿であると言えよう。その推進エンジンは、子どもの変容による職員の達成感や成就感であるとするならば、トップダウンの与えられたカリキュラムではなく、子どもや学校、地域の実態に応じて創造的に行われる、学校に基礎をおくカリキュラムであろう。つまりSBCDの考えを基盤とするカリキュラム・マネジメントを機動的、動態的に実施することが効果のある学校をつくっていくのである。

　一方、学校改善とは地味で継続的な取組であるともいえる。一つ

第2節　カリキュラム・マネジメントと学校改善の関連

一つの教育活動を丁寧に実施し、子どもの変容を確実に看取り、カリキュラムの工夫改善を加えていく日々の営みでもある。そして改善の方向性を明らかにしていくことである。同時に、個業よりもチームとして、協働することが求められる。成果や課題を全職員で共有し、組織体として学校が子どもの教育活動に邁進していくことが必要である。その過程や結果を公表し、学校をウチとソトに開くことで、より効果を上げることを実践事例は示唆している。なぜなら、情報を発信することで、独りよがりではなく、外部からのより客観的な評価が実施される。これが自律的な学校づくりへと発展するのである。確かなマネジメントサイクルによって、「見える化」を確実に果たしていくことで、組織としての最適化が図られていく。このような過程が、学校改善の過程であるといえよう。ここでは、トップリーダーである学校長の関わりが重要な要素であることも実践事例は示している。3つのスクールリーダーの型を戦略的視点に立ち、柔軟で機動的に発揮していくことが、これからのスクールリーダーに求められる資質であるといえよう。古くから言われている、「校長が変われば、学校が変わる」という言質を彷彿させる。同時に、具体的な取り組みの過程では、ミドルリーダーが重要な働きを担っていることも実践事例は示唆している。カリキュラムの工夫改善には、子どもをよく理解している教員が協力して知恵を出し合う学校文化が不可欠である。自己改善を繰り返す自律的な学校組織を構築することである。これが効果的なカリキュラムを実施することにつながり、子どもに確かな変容をもたらすのである。子どもが成長していくことが、学校改善が図られている姿であろう。つまりカリキュラム・マネジメントを効果的に推進することが、学校改善に結びついていくのである。

第3節　今後の課題

○主として中学校を視野に入れて、研究を進めた。小学校においては、多くの実践がなされており、今後は、今回提案したモデルの妥当性を、小学校や高等学校、幼稚園などの他の校種においても検証していくことが必要となる。

○保護者の声は取り上げてきたが、保護者の信頼感などを指標として、カリキュラムの改善がどのような作用を及ぼしているのか実践的に研究を進めていく必要がある。

○スクールリーダーの役割を分析する視点として、カリキュラム・マネジメントが有効であることを本研究では示唆しているとも言える。今後、この問いを深めていくことが求められる。

第6章　結　語

「学校改善には、効果的なカリキュラムを開発し、具体的な教育実践を行い、子どもを変えることが有効ではないか」という問いを胸に本論文に取り組んできた。筆者の所属校の取組をアクションリサーチの手法で事例研究をおこなった。カリキュラムの工夫改善をとおして学校改善を図るという所期の目的を達成できたと考えている。次に、特色ある教育実践を取り組んでいる、2つの学校の協力を得て、実践事例研究に取り組んだ。教育実践において効果をあげている学校において、カリキュラムの工夫改善が効果的に実施されていることを明らかにすることができた。

　学校の信頼の構築が言われて久しい。信頼獲得の基盤は、子どもの成長である。「子どもが変われば保護者が変わる」「保護者の学校を見る目が変わることが、学校の信頼構築である」と言えるであろう。この子どもの変容を引き出すのは具体的なカリキュラムである。教職員も保護者も思いや願いは共通しているのではないかと痛感している。ただ切り込み方が異なるだけではないだろうか。

　学校の使命は、教育基本法に謳われているように、「人格の完成」と「国家社会に貢献できる人間」の育成である。その中核を担うカリキュラム・マネジメントは、今後とも教育において重要な役割を担っていくであろう。本実践研究をとおして明らかにしてきたことを糧に、今後ともより一層研鑽に励むことを胸に、本稿を閉じることとする。

＜引用文献＞

(1) 田中博之「カリキュラム編成論」放送大学教育振興会、2013年 p60、p278

(2) 根津朋実「カリキュラム開発」篠原清昭編著『学校改善マネジメント』ミネルヴァ書房 2012年 p181、p182

(3) 田村知子「カリキュラムマネジメントの理論に関する先行研究の文献解題－F.W.Englishのカリキュラムマネジメント理論とM.SkilbekのSBCD理論より-」教育経営学研究紀要 第6号 2003年 p95-103

(4) 鄭栄根「カリキュラム開発における教師の役割遂行に関する実証的研究」カリキュラム研 究第8号、1999年 p59-p60

(5) 文部科学省「研究開発学校制度」 http:/www.mext.go.jp/a_menu/shotou/kenkyu/htm/01 doc/0101.htm 2014年7月6日確認

(6) 田村知子「実践・カリキュラムマネジメント」ぎょうせい、2011年 p3-7、

(7) 中留武昭「カリキュラムマネジメントの定着過程」教育開発研究所、2005年 p330-p333

(8) 文部科学省「中学校学習指導要領解説 総合的な学習の時間編」2008年 p26

(9) 中留武昭「学校改善」の項『現代学校教育大辞典』ぎょうせい、2002年

(10) 田村知子「カリキュラムマネジメントのモデル開発」日本教育工学論文誌29、2005年 p137 p139

(11) 文部科学省「小学校学習指導要領解説総合的な学習の時間編」ぎょうせい、2008年

(12) 勝野正章「学校におけるリーダーシップ」小川正人・勝野正章著『教育行政と学校経営』放送大学教育振興会、2012年 p188
(13) 大野裕己「学校改善の方法」篠原清昭編著『学校改善マネジメント』ミネルヴァ書房 2012年 p 22
(14) 児島邦宏「カリキュラム・マネジメントと学校改善」安彦忠・児島邦宏・藤井千春・田中博之編著『よくわかる教育学原論』ミネルヴァ書房 2012年、p65
(15) 西睦夫「重層－単層構造論争」高野桂一・中留武昭・原俊之編著『教育経営研究の軌跡と展望』（日本教育経営学会編　講座日本の教育経営9）ぎょうせい 1986年 p 115 － p 165
(16) 伊藤和衛「学校経営の近代化入門」明治図書、1963年前掲の西論文より重引
(17) 勝野正章「学校組織と文化」小川正人・勝野正章著『教育行政と学校経営』放送大学教育振興会、2012年 p174、p175、p188~p200
(18) 佐野茂樹「小・中・高等学校における学校組織の基本的特徴－内在的対他関係を基礎とする統合体としての学校組織－」教育行政研究、第4号、2014年、放送大学大学院文化科学研究科　p2-3
(19) 佐古秀一「学校組織に関するルース・カップリング論についての一考察」大阪大学人間科学部紀要 12. P135-P154　1986年 http://ir.library.osaka-u.ac.jp　2014年6月13日確認
(20) 榊原禎宏「学校組織構造のメタファー」京都教育大学紀要 No113 2008年　http://libl.kyokyo-u.ac.jp 2014年6月11日確認
(21) 浜田博文「学校の組織力向上実践レポート」教育開発研究所 2009年
(22) 浜田博文「ミドルリーダーを核とする組織論－『ウエブ（クモの巣）』型組織論としての学校」第14回スクールリーダーフォーラム Conference Paper 2014年 p27-p34 https://tsukuba.repo.nii.ac.jp　2015年6月28日確認

(23) 曽余田浩史「学習する組織論と学校の有効性」佐古秀一・曽余田浩史・武井敦史著『学校づくりの組織論』学文社 2011 年 p44-p45

(24) 武井敦史「学校組織と「場」」佐古秀一・曽余田浩史・武井敦史著『学校づくりの組織論』 学文社 2011 年 p68-p70

(25) 伊丹敬之「場の論理とマネジメント」東洋経済新報社 2005 年 p32、p42

(26) 佐古秀一「学校も組織特性をふまえた学校組織改革の基本モデル－学校の内発的改善力を高めるための学校組織開発論の基本モデル－」佐古秀一・曽余田浩史・武井敦史著『学校づくりの組織論』 学文社 2011 年 p131-p153

(27) 佐古秀一「学校の内発的改善力を支援する学校組織開発の基本モデルと方法論」鳴門教育大学研究紀要 第 25 巻 2010 年 p130-p137

(28) 森田洋司「いじめとは何か－教室の問題、社会の問題－」中公新書 2010 年 p131-p141

(29) 露口健司「信頼構築を志向した校長のリーダーシップ-リーダーシップ・信頼・学校改善の関係-」教育経営学研究紀要 第 6 号 2003 年 p31

(30) 文部科学省「中学校学習指導要領解説　特別活動編」2008 年 ぎょうせい p12、p 61

(31) 文部科学省「中学校学習指導要領、技術・家庭科」2008 年 p100、p101

(32) 文部科学省「コミュニティ・スクール事例集」教育制度改革室 2008 年

(33) 山本直俊「春日市のコミュニティ・スクールの特徴」春日市教育委員会編著「コミュニティ・スクールの魅力」ぎょうせい 2011 年　p 2-18

(34) 井上澄和「コミュニティ・スクールはまちづくり」春日市教育委員会編著「コミュニティ・スクールの魅力」ぎょうせい2011年　巻頭言
(35) 春日東中学校ホームページ　http://kasugahj.jimdo.com　2014年8月21日確認
(36) 春日市教育委員会「春日市のコミュニティ・スクールリーフレット」http://www.citykasuga.fukuoka.jp/tetuzuki/gakkou　2014年7月6日確認

＜参考文献＞
・中留武昭「学校改善ストラテジー」東洋館出版社、1991年
・中留武昭「学校文化を創る校長のリーダーシップ」　エイデル研究所、1998年
・文部科学省「コミュニティ・スクール事例集」　文部科学省教育制度改革室、2008年
・福田周・卯月研次「心理・教育統計法特論」　放送大学教育振興会、2009年
・坂田仰「学校と法」放送大学教育振興会、2012年
・八尾坂修「学校改革の課題とリーダーの挑戦」ぎょうせい、2008年
・露口健司「学校組織の信頼」大学教育出版、2012年
・岡崎友典・玉井康之「コミュニティ教育論」放送大学教育振興会、2011年
・天笠茂「カリキュラムを基盤とする学校経営」2013年
・倉本哲男「特別活動におけるカリキュラムマネジメントの研究〜運動会を通した「学校改善」・「学校づくり」の実践事例研究　教育経営学研究紀要　第8号　2005年　11－17
・田村知子「カリキュラムマネジメントへの参画意識を促進する校内研

修の事例研究」カリキュラム研究　第 15 号　　2006 年　50-70
・江頭尚子「学校組織における分散型リーダーシップ」日本大学大学院
　　総合社会情報研究科紀要　Ｎｏ 12、291-302　2011 年
・宗像誠也「教育と教育政策」岩波新書 1961 年
・池田守男・金井壽宏「サーバント・リーダーシップ」かんき出版 2007 年

(資料)

教育関係法令等
- 日本国憲法
- 教育基本法
- 学校教育法
- 学習指導要領
- あたらしいふるおかの教育計画

学校教育目標
基本的生活習慣を身につけ、自ら学ぶ意欲と主体を持ち、心豊かでたくましく生きる
- 基礎的な学力の育成
- 生きる力の育成
- 校訓
- 実践事項【実行】[あいさつ・掃除・感動]

めざす生徒像
- 社会正しく、あいさつと掃除ができる生徒
- 人権を尊重し、他人を思いやる生徒
- 主体的な学習に取り組もうとする生徒
- 将来に対して具体的な目標をもつ生徒

キャリア教育の重点目標
- 自らの適性を見極め、将来の進路を主体的に選択していくことができる生徒を育成する。
- 勤労観・職業観をもち、社会人としての基礎を養う生徒を育成する。
- 望ましい人間関係や社会の変化に対応できる生徒を育成する。

身につけさせたい能力
基礎的・汎用的能力			
人間関係形成・社会形成能力	自己理解・自己管理能力	課題対応能力	キャリアプランニング能力

各学年の重点目標
	1年	2年	3年
進路指導	生徒を主体として、自分の将来の進路を広く模範し、自己の将来について考える意欲を育てる。	職業体験学習などを通して、望ましい職業観・勤労観を育てる。	進路についてよく理解し、自分の適性・能力・興味等を考慮し、主体的に進路を選択する態度を育てる。
	職業・進路を通じて仕事の意義や働くことの尊さについて基本的な理解をさせる。	自分の将来について見通しをもって努力する態度を育てる。	将来の中で進歩する上級学校や職業・生活等について具体的な希望をもち、実現のために計画的に生きる態度を養う。

キャリア教育が目指すもの
生徒が将来に対する目的意識をもって、自己の主体的に自己決定できる能力を培い、自己の変化に対応していくことができるように、基礎・基本を徹底することをめざす。

生徒の実態
- 明朗である。
- 自主性・主体性にやや欠ける。

地域・保護者の願い
- 集団の一員としての自覚を持ち、規則や時間を守り、人に親しまれる。
- 思いやりがあり、人に親しまれる。

特別活動
学級活動
- 学校生活の充実と向上を図り、学級での自己実現を図り、個性を伸ばし、自主性を高める。

生徒会活動
- 学校生活の充実と望ましい人間関係を確立させる活動を通して、社会性を育て、自主性を伸ばす。

学校行事
- あらゆる活動を通して、自ら考え、自ら学び、自ら行動し、自ら問題解決に努め、生きる力を伸ばすことに努め、生きる力をはぐくむ。

生徒指導
- あらゆる活動を通して、自ら考え、自ら学び、自ら行動し、自ら問題解決に努め、生きる力の伸長に努め、生きる力をはぐくむ。

各教科
- 課題解決学習等、指導法の改善を図り、社会の変化に主体的に対応できる生徒を育てる。
- 基礎学力の向上に努め、主体的な行動様式を身につけさせる。

道徳
- けじめのあるおもいやりの心を育て、生活態度の質的な能力を高め、自己の生き方を考えることができる生徒を育成する。

総合的な学習の時間
- 自ら課題を見つけ、自ら学び、自ら考え、主体的に判断し、よりよく問題を解決する資質や能力を養うとともに、自己の生き方を考えることができるような生徒を育成する。

関係機関との連携
- 家庭・地域・企業との連携
- 家庭・地域・企業と連携し、キャリア教育推進のための共通認識や情報交換を行う。
- 小中高と連携しながら、キャリア教育のための系統的な指導計画の作成や実態を図る。
- 近隣諸地域との連携を密にしながら、社会人講師や地域人材の活用を図る。

(中様式II-16)

<著者紹介>

　1978年　福岡教育大学教育学部中学校課程理科専攻を卒業後、福岡市公立中学校教諭（16年間）を経て、福岡県教育庁義務教育課指導主事（3年間）、福岡市公立中学校教頭（2年間）、福岡市教育センター主任指導主事（4年間）、福岡市教育委員会教職員課主任人事主事（2年間）、福岡市公立中学校校長（10年間）を務める。この間、放送大学大学院文化科学研究科において、小川正人教授（第8期中央教育審議会副会長）のもとで文化科学専攻修了（学術修士）。退職後は、福岡市立少年科学文化会館指導員、福岡市植物園解説員、福岡女学院大学教職支援センター指導員を務める。

　主な共著書は『1年間毎週使える校長講話』『校長職の新しい実務課題』（以上、教育開発研究所）、『生きる力を高める学校改善の方略Q&A』『新学力観にたつ授業改善キーワードQ&A』（以上、ぎょうせい）、『えがおの種まき‐教育ネットワークの輪‐』（櫂歌書房）『SCIRE中学校理科教育実践講座』（ニチブン）など。

今、学校に求められる
カリキュラム・マネジメント力
学校改善へのR-PDCA

発行日　2017年4月20日　初版　第1刷
著　者　中川　英貴
発行者　東　　保司
発行所　櫂歌書房
〒811-1365　福岡市南区皿山4丁目14-2
TEL 092-511-8111／FAX 092-511-6641
E-mail: e@touka.com　http://www.touka.com

発売所　株式会社　星雲社
〒112-0005　東京都文京区水道1-3-30